Giovanni Civardi

DIBUJAR LAS
MANOS

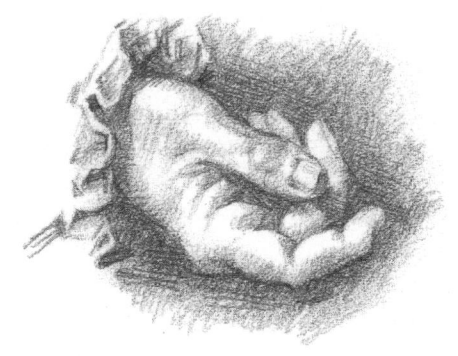

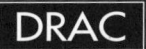

«O dolci mani...». (*Tosca*, Acto III)

«Objetivo: dibujar cada día al menos una mano,
del natural o a partir de obras de arte...».

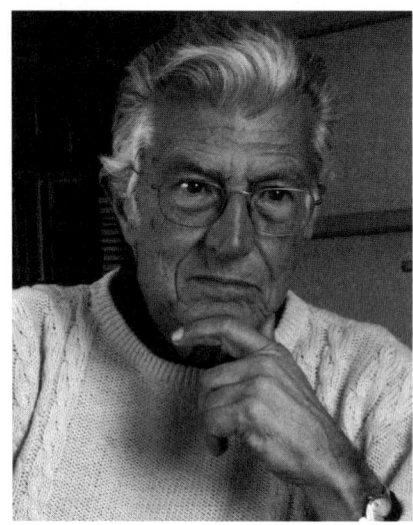

Giovanni Guglielmo Civardi nació en
Milán el 22 de julio de 1947. Licenciado en
Economía, asistió posteriormente a la Facultad
de Medicina y a la Escuela de Desnudo de
la Academia de Bellas Artes de Brera,
dedicándose al retrato y la escultura. Durante
más de diez años dibujó ilustraciones para
periódicos, revistas y cubiertas de libros.

Organizó exposiciones personales de escultura
y profundizó en sus estudios anatómicos
durante frecuentes estancias en Francia y en
Dinamarca. Hace muchos años que dirige
cursos de anatomía y de dibujo de la figura,
condensando su experiencia didáctica en
numerosos libros. La mayoría de ellos han sido
traducidos a varias lenguas (inglés, francés,
español, ruso, alemán, japonés, etc.). En 2011,
publicó el Taccuino di Lourdes, el más reciente
de sus apuntes de viaje. Actualmente, vive y
trabaja en Milán y en Niza. Desde 2014, algunos
de sus cuadernos de dibujos del natural y los
dibujos originales para muchos de sus libros se
conservan en el fondo histórico de la biblioteca
de la Academia de Bellas Artes de Brera (Milán).
Desde 2022, parte de sus dibujos, ilustraciones,
esculturas y libros han sido donados al
Ayuntamiento de Casteggio (Pavia) y se
conservan en la «Stanza Museale Giovanni
Civardi» del Palazzo Certosa Cantù, sede
del Museo Arqueológico Cívico (MAC).

Página web: www.giovannicivardi.it
Instagram: civardigiovanni

Editor: David Domingo
Coordinación editorial: Lorenzo Sáenz
Traducción: Anna Coll

Publicado originalmente en italiano por Il Castello srl,
Via Milano 73/75, 20007 Cornaredo (Milano),
con el título: *Disegnare le mani*.

Los dibujos de manos y figuras reproducidos en este libro atañen
a modelos profesionales o personas, en todo caso informadas y que
han consentido en su publicación.

© 2024 *by* Il Castello srl
© 2025 de la versión española
  by Editorial El Drac, S.L.
  c/ Impresores, 20,
  P. E. Prado del Espino
  28660 Boadilla del Monte, Madrid
  Tel.: 91 559 98 32
  E-mail: info@editorialeldrac.com
  www.editorialeldrac.com

ISBN: 978-84-9874-791-1
Depósito legal: M-5.858-2025
Impreso por Artes Gráficas COFÁS
Impreso en España - *Printed in Spain*

Índice

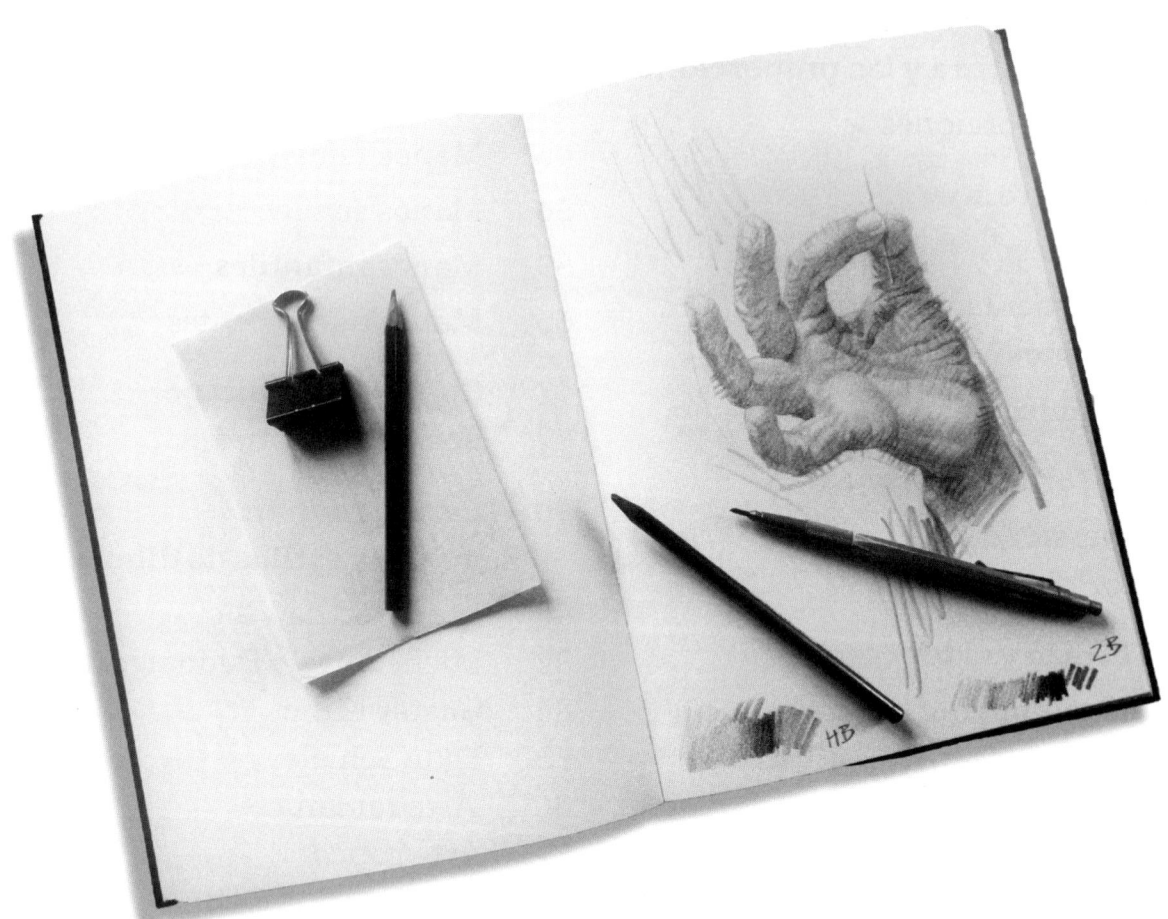

Introducción

El desarrollo del pulgar oponible a los demás dedos es sin duda uno de los aspectos evolutivos más característicos de la especie humana, ya que las manos, liberadas de las tareas de locomoción (transformada en bípeda y erecta), se adaptaron con pleno éxito a las funciones más variadas y refinadas, como la prensión y la manipulación, contribuyendo a la especialización cerebral.

Estudios de neurofisiología han reconocido que la extensión cerebral de las áreas motoras y sensoriales que presiden la acción de la mano son equivalentes a las destinadas a la mímica facial expresiva, nuestra manera más eficaz de comunicación emocional.

No es de extrañar, pues, que la mano se haya considerado siempre uno de los elementos del cuerpo humano más ricos en significados expresivos y simbólicos. Hojeando cualquier libro sobre la historia de las artes, es fácil encontrar la reproducción de imágenes de pinturas rupestres prehistóricas en las que, con frecuencia, se reconocen las huellas de las manos, poseedoras de un misterio propio, un gran poder evocador. Y entonces, ¿cómo pasar por alto la importancia del «gesto», no solo en la vida cotidiana, sino también en la representación artística? Manos que señalan, bendicen, acusan, rezan, trabajan, actúan de formas diversas y, así lo sugieren, sustituyen o refuerzan los sentimientos humanos más variados y sutiles. Estos gestos han sido expresados en todas las épocas y por todos los artistas con estilo y forma propios. Las manos tienen en general una estructura y un aspecto similares en todos los individuos, pero con características peculiares y distintivas (casi identificables) para cada uno, vinculadas a la experiencia propia de cada ser humano. La mano también está modelada y marcada por las funciones que realizan de manera habitual: por ejemplo, la mano que usa la fuerza suele ser más grande que la que trabaja menos, incluso en una misma persona. Dibujar las manos ha sido siempre uno de los campos más arduos del estudio artístico, pues implica simultáneamente una observación minuciosa de la realidad y la elección de formas simplificadoras, suficientes para plasmar eficazmente su aspecto y su acción. Un exceso de detalles o de refinamiento gráfico debilita, por así decirlo, el efecto estilístico y expresivo: es mejor, pues, concentrarse en los rasgos esenciales, los necesarios y suficientes.

Los dibujos recopilados para organizar y componer este libro no deben entenderse como «modelos» para reproducir pasivamente (a no ser para el ejercicio gráfico), sino que deben sugerir una amplia gama de posiciones útiles para estudiar aspectos particulares de la morfología de la mano, pero *observados del natural y simulando el gesto* para captar plenamente la dinámica motriz, la disposición espacial. La sensación cinestésica, en definitiva. Y, tal vez, solo con un ejercicio así se pueda lograr una buena capacidad de síntesis gráfica significativa y un estilo expresivo personal.

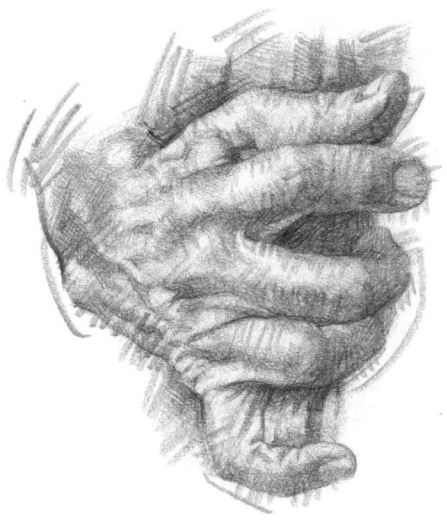

La estructura y las proporciones

La estructura es el modo en que está construido un objeto, la relación de solidaridad entre las partes de un todo. Las complejas formas de la mano dependen en gran medida de su soporte esquelético. Esto es muy evidente al observar el dorso de la mano; en la palma, sin embargo, la estructura queda parcialmente oculta por la presencia de almohadillas de grasa y una extensa lámina tendinosa, la aponeurosis palmar. Al dibujar la mano, hay que simplificar las formas encontrando las líneas y los planos de superficie que marcan las masas y el volumen, las proporciones, los efectos de perspectiva de escorzo o la modulación de los tonos de claroscuro.

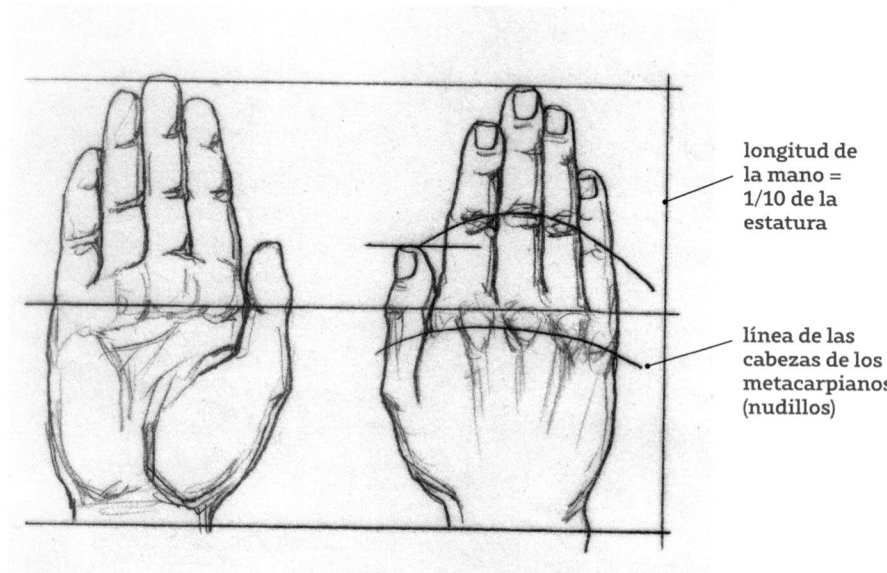

longitud de la mano = 1/10 de la estatura

línea de las cabezas de los metacarpianos (nudillos)

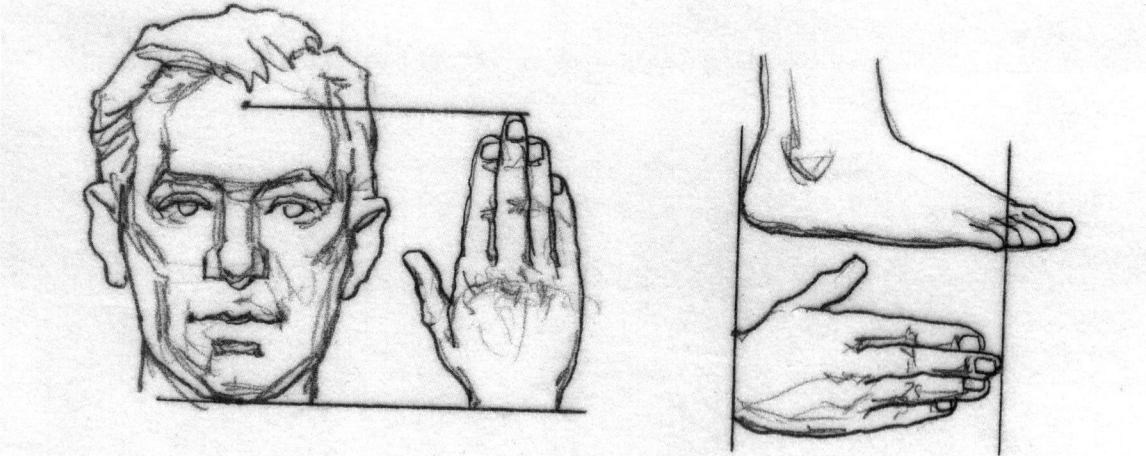

Comparación de las proporciones mano/cabeza/pie.

Las proporciones

La longitud de la mano extendida se mide desde la muñeca hasta el vértice del dedo corazón, y corresponde aproximadamente a una décima parte de la estatura. La longitud de la mano corresponde también a la de la cara, medida desde el mentón hasta el nacimiento del pelo, y es algo inferior a la longitud del pie. La mano puede dividirse en dos sectores de longitud casi igual: uno corresponde a la palma (cuya forma general equivale a un cuadrado) y el otro a los dedos. La línea divisoria de los dos

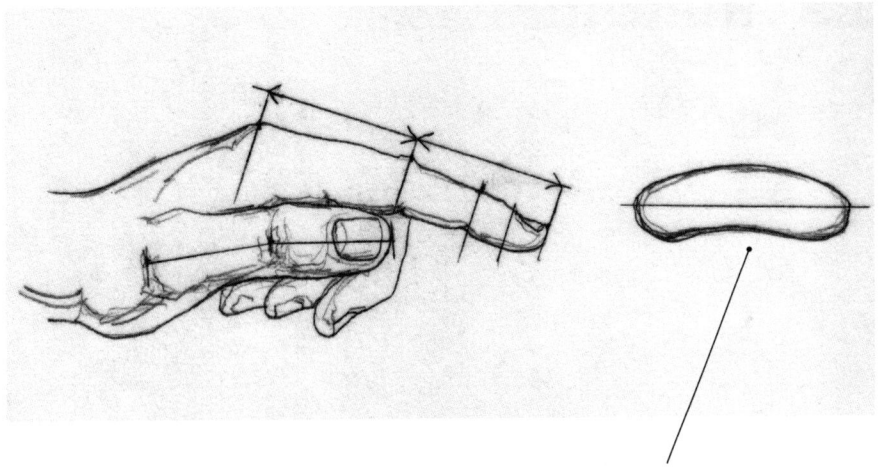

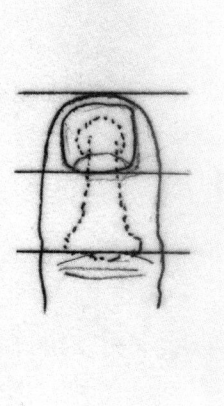

altura de la uña =
1/2 falange

Un corte transversal de la
palma de la mano muestra
la convexidad de la superficie
dorsal y la concavidad de la
superficie palmar.

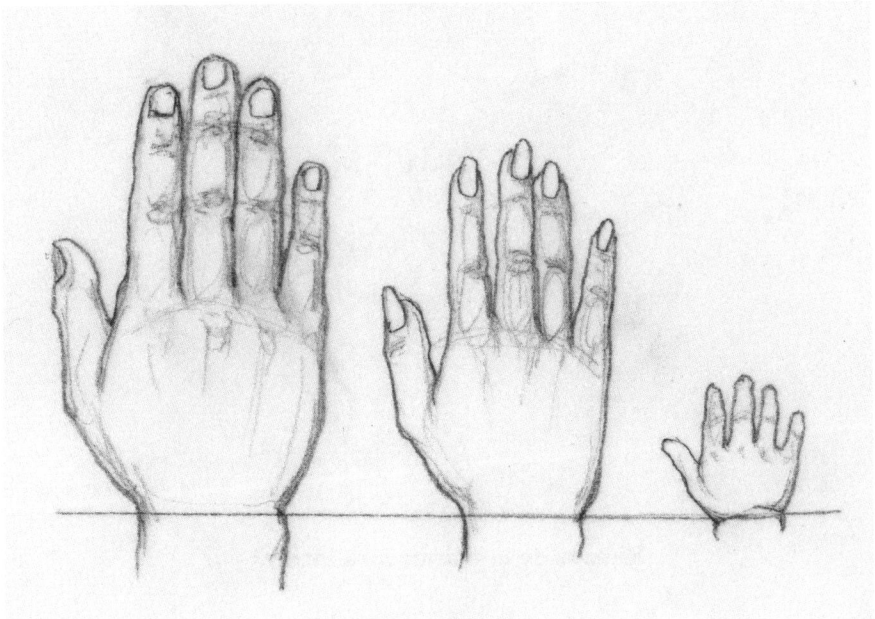

La comparación de una mano masculina
y una mano femenina muestra que la
femenina, por regla general, es más
delgada, proporcionalmente más
pequeña, con dedos más estilizados y
flexibles, y uñas de forma más elíptica.
La comparación con la mano de un niño
de unos dos años muestra lo pequeña
que es, con dedos rollizos, casi en
forma de cono, con esos característicos
hoyuelos en el dorso, en el origen de las
primeras falanges.

sectores se sitúa a la altura de las cabezas de los huesos metacarpianos. Los dedos extendidos parecen más cortos en la cara palmar que en la dorsal, porque las almohadillas adiposas cubren no solo el extremo de los huesos metacarpianos, sino también una corta porción de las primeras falanges, y su origen está en una línea ligeramente arqueada. La longitud de la primera falange equivale a la suma de la segunda y la tercera. La tercera falange alberga la uña, que tiene forma aproximadamente ovalada o cuadrangular y la mitad de la altura de la falange.

La anatomía

Para dibujar un buen boceto de la mano resulta muy útil, si no indispensable, conocer al menos someramente las estructuras (ósea, muscular y tendinosa) que dan soporte y determinan tanto la forma externa como los más variados movimientos y posturas. Sin embargo, no es necesaria (al menos desde un punto de vista estético) una representación «anatómica» científica y analítica, sino que lo esencial es lograr una comprensión completa de todos estos elementos en su justa relación y que se perciban correctamente a través de sus efectos sobre las formas superficiales. La mano consta de un segmento, denominado *muñeca,* articulado con el antebrazo; un segmento cuadrangular intermedio, cuya superficie dorsal es el *dorso* y cuya superficie ventral es la *palma;* y cinco segmentos, los *dedos.* El primer dedo es el pulgar, situado lateralmente; los otros cuatro dedos son de longitud variable y están compuestos cada uno de tres segmentos, llamados falanges. A partir del primero, los demás dedos se indican numéricamente o, como sabemos, se denominan índice, corazón, anular, meñique.

Los huesos

El esqueleto de la mano está formado por el *carpo,* compuesto por ocho huesos pequeños, dispuestos en dos filas que se articulan con los huesos del antebrazo (el cúbito y el radio), la proximal, y con los cinco *metacarpianos,* la distal. De estos, los distales se relacionan con las primeras *falanges* de los dedos, que se continúan con las falanginas y las falangetas (a excepción del pulgar, que carece de falange media).

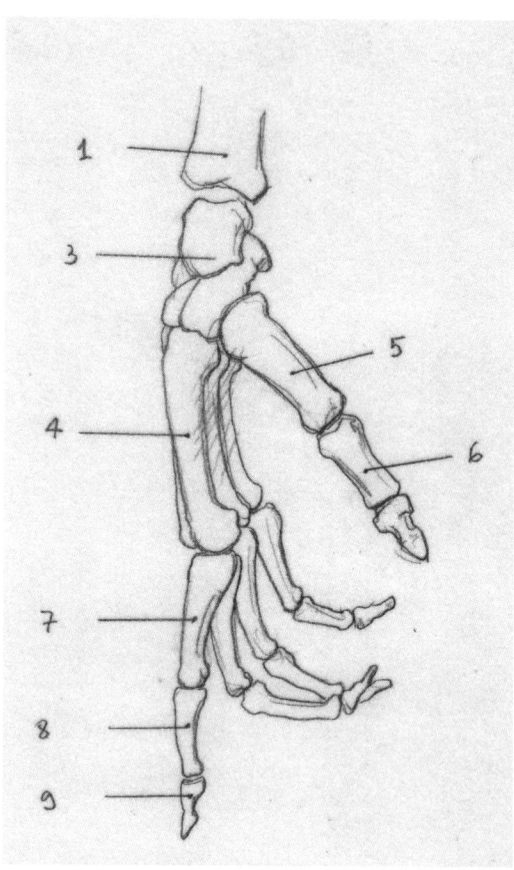

Huesos de la mano: cara lateral
1 – Radio
3– Huesos carpianos
4 – Metacarpianos
5 – Primer metacarpiano
6 – Falange proximal del pulgar
7 – Primeras falanges (proximales)
8 – Segundas falanges (medias o falanginas)
9 – Terceras falanges (distales o falangetas)

Nota Para profundizar en el aspecto anatómico, los elementos y terminología específicos se pueden consultar en cualquier tratado de anatomía (médica o artística) o alguno de mis anteriores libros: *Láminas de anatomía, Dibujo de la anatomía* y *La mano y el pie.*

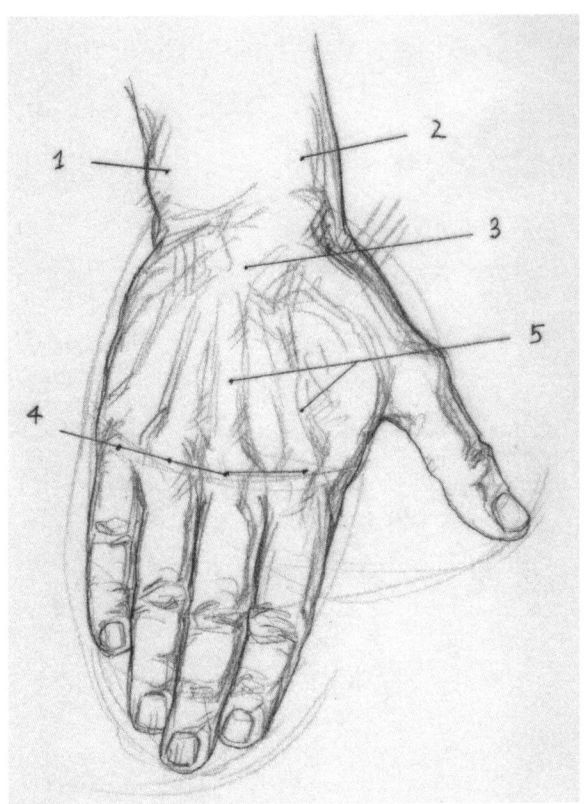

Relieve óseo en el dorso de la mano derecha
1 – Apófisis estiloides del cúbito
2 – Radio
3 – Carpo
4 – Cabezas de los metacarpianos
5 – Tendones de los músculos extensores de los dedos

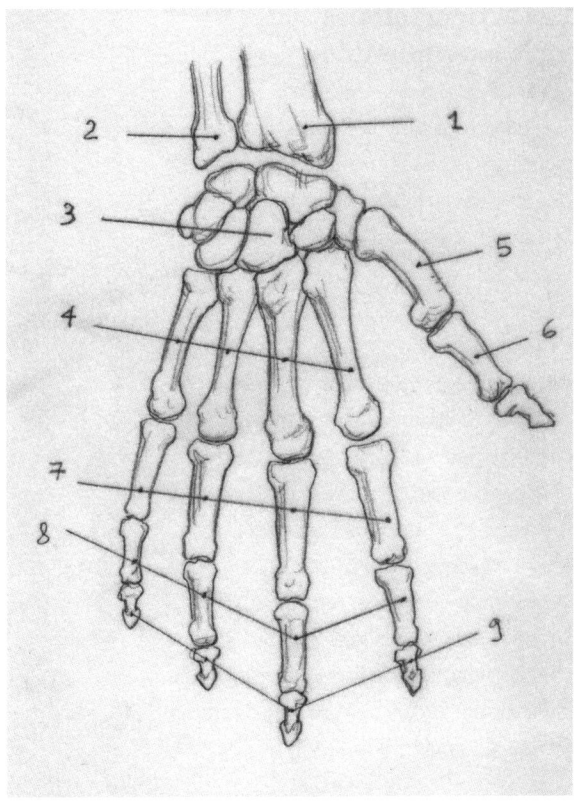

Huesos de la mano: cara dorsal
1 – Radio
2 – Cúbito
3 – Huesos del carpo
4 – Metacarpianos
5 – Primer metacarpiano
6 – Falange proximal del pulgar
7 – Primeras falanges
8 – Segundas falanges
9 – Terceras falanges

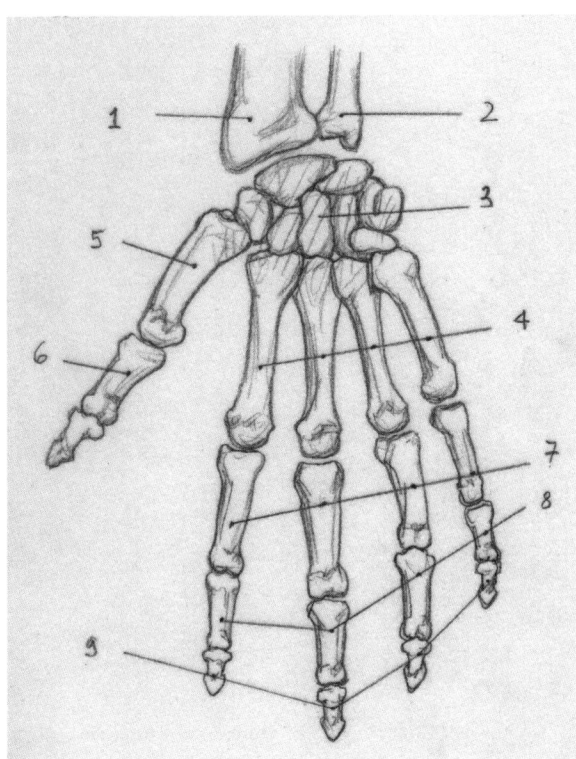

Huesos de la mano: cara palmar
1 – Radio
2 – Cúbito
3 – Huesos del carpo
4 – Metacarpianos
5 – Primer metacarpiano
6 – Falange proximal del pulgar
7 – Primeras falanges
8 – Segundas falanges
9 – Terceras falanges

Las articulaciones y los movimientos

El carpo se articula con el radio y el cúbito: esta articulación permite principalmente los movimientos de pronación (es decir, con la palma de la mano hacia abajo), supinación (es decir, con la palma de la mano hacia arriba), extensión, flexión, etc.

La mano humana está articulada de tal modo que puede adoptar numerosas posturas funcionales, tanto de destreza como de fuerza. La capacidad de sujetar un objeto no solo se debe a cada uno de los dedos o a la oponibilidad del pulgar, sino también a la estructura de la muñeca y a los músculos del antebrazo. Las «prensiones» que puede realizar la mano son, por ejemplo, de fuerza, precisión, gancho, etc., o combinadas de diversas formas en apertura o cierre.

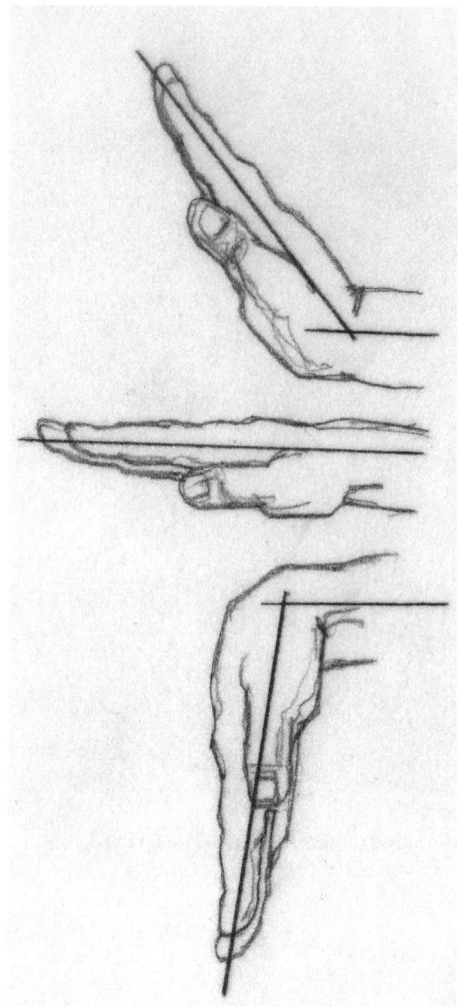

Flexión dorsal
(supinación)

Posición de
referencia

Flexión palmar
(pronación)

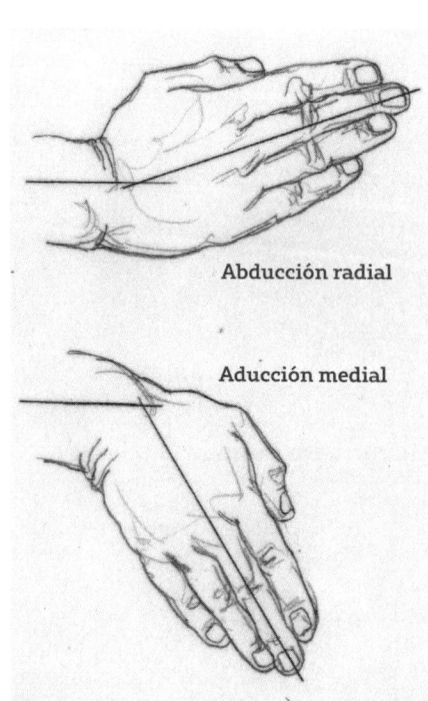

Abducción radial

Aducción medial

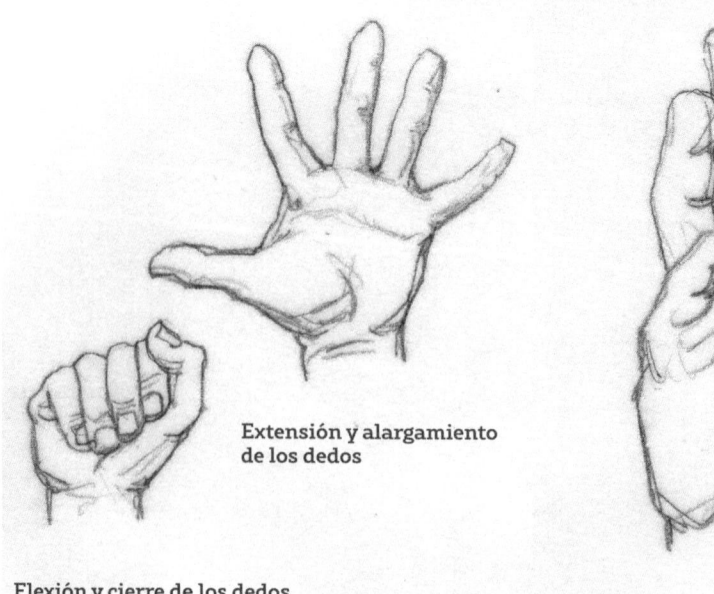

Extensión y alargamiento
de los dedos

Flexión y cierre de los dedos

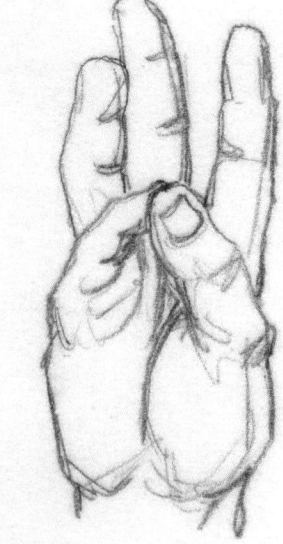

Oposición pulgar/meñique

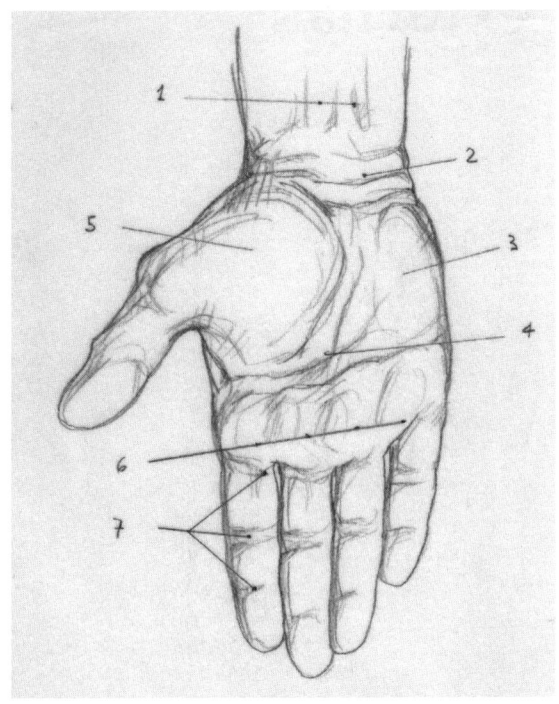

Relieves musculares en la cara palmar de la mano derecha
1 – Tendones de los músculos flexores
2 – Pliegues cutáneos transversales
3 – Eminencia hipotenar
4 – Pliegues palmares
5 – Eminencia tenar
6 – Almohadillas adiposas
7 – Pliegues de flexión

Músculos: cara palmar
1 – Tendones de los músculos flexores
2 – Músculo palmar corto
3 – Tendón del músculo palmar largo y aponeurosis palmar
4 – Músculo abductor del meñique
5 – Músculos lumbricales
6 – Músculo flexor corto del pulgar
7 – Músculo abductor corto del pulgar
8 – Ligamento transverso del carpo

Los músculos

Los movimientos propios de la mano se deben a numerosos músculos que se unen a sus partes esqueléticas, algunos de los cuales (flexores y extensores de los dedos) se unen a los huesos del antebrazo. En el dorso de la mano y de los dedos se disponen, ligeramente radiados, los relieves de los tendones de estos músculos. En la palma, otros grupos musculares forman dos relieves de volumen desigual: la eminencia tenar, formada por los músculos del margen próximo al pulgar y destinada a la movilidad del pulgar, y la eminencia hipotenar, más pequeña, destinada a la movilidad del dedo meñique. Entre ambas eminencias, ocultos por una banda tendinosa gruesa y ancha (la aponeurosis palmar), se encuentran los músculos lumbricales y los músculos interóseos.

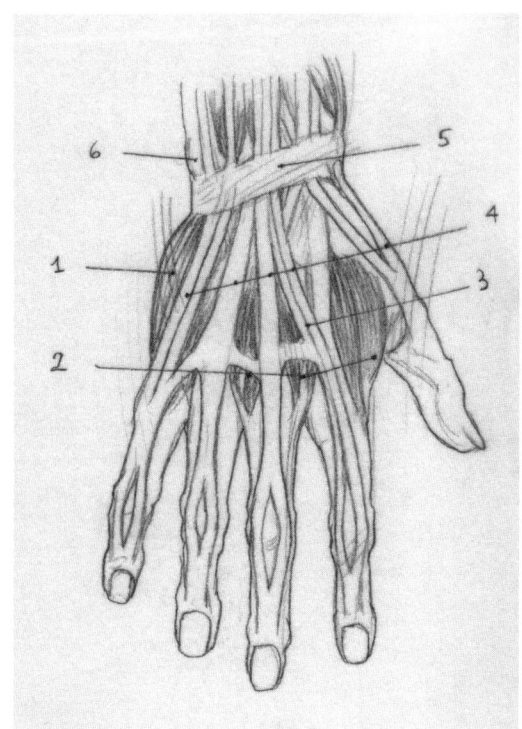

Músculos: cara dorsal
1 – Músculo abductor del meñique
2 – Músculos interóseos dorsales
3 – Tendón del extensor propio del dedo índice
4 – Tendones de los músculos extensores de los dedos
5 – Ligamento dorsal del carpo
6 – Cúbito

Las formas externas

El aspecto externo de la mano, en particular el relativo al dorso, viene dado en gran medida por la estructura esquelética. Esto ya se ha mencionado como una observación obvia. A efectos descriptivos, se distinguen dos partes: la mano propiamente dicha y los dedos. La mano tiene una cara anterior (la descripción anatómica supone, por convención, que los miembros superiores están adheridos al cuerpo y que las palmas miran hacia delante), la *palma,* ligeramente cóncava, está bordeada por relieves formados por músculos y almohadillas adiposas, y una cara posterior, *el dorso,* sobre el que irradian los relieves de los músculos extensores.

La otra parte está formada por los cinco dedos, de forma aproximadamente cilíndrica. Mientras que el primer dedo, el pulgar, solo tiene dos segmentos libres, cada uno de los demás dedos está compuesto por tres segmentos articulados entre sí y que corresponden a las falanges. La cara dorsal de la mano es algo convexa, modelada según la forma y la posición de los huesos metacarpianos, de los cuales la articulación con las primeras falanges es particularmente saliente (sobre todo en la flexión de los dedos).

La piel del dorso puede deslizarse fácilmente sobre los planos subyacentes y es, por tanto, más desplazable que la de la palma, está casi desprovista de tejido adiposo y atravesada por el retículo venoso superficial, cuyo curso es muy variable y, a veces, bien marcado y de aspecto sinuoso.

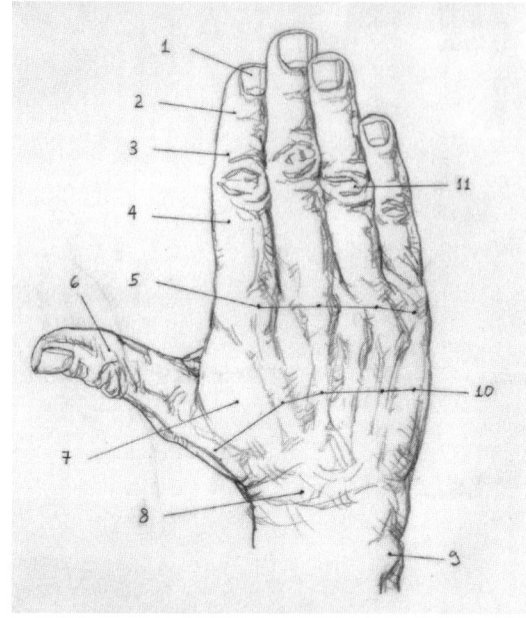

Mano derecha: cara dorsal

1 – Uña
2 – Tercera falange
3 – Segunda falange
4 – Primera falange
5 – Cabezas de los metacarpianos
6 – Primer dedo (pulgar)
7 – Primer músculo interóseo dorsal
8 – Muñeca (carpo)
9 – Apófisis estiloides del cúbito
10 – Tendones de los músculos extensores
11 – Pliegues digitales dorsales

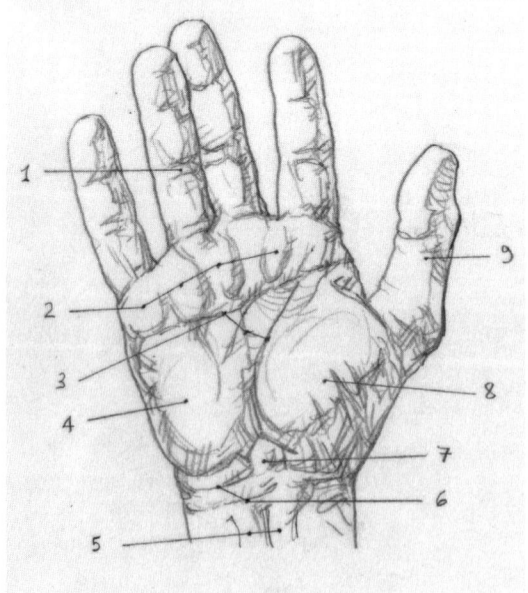

Mano derecha: cara palmar

1 – Líneas digitales ventrales
2 – Almohadillas adiposas metacarpofalángicas
3 – Líneas palmares
4 – Eminencia hipotenar
5 – Tendones de los músculos flexores
6 – Pliegues flexores transversales
7 – Escafoides
8 – Eminencia tenar
9 – Primer dedo (pulgar)

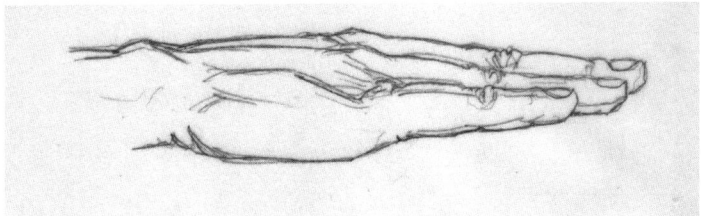

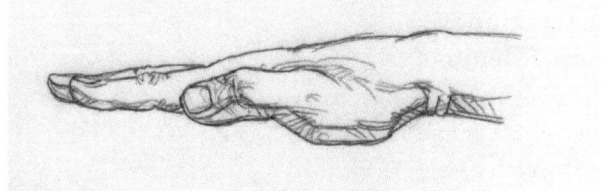

Margen medial

El margen medial de la mano es redondeado debido a la presencia de los músculos de la eminencia hipotenar, más grueso cerca de la muñeca, más fino hacia la raíz del dedo meñique.

Margen lateral

El margen lateral está ocupado en gran parte por la base del pulgar y, en menor medida, es adyacente a la porción libre del dedo. Cuando el pulgar se aleja de la palma, ejerce tensión sobre el gran pliegue cutáneo que une las dos porciones del margen.

Pliegues digitales de flexión/extensión

La cara dorsal de los dedos sigue la conformación de las falanges y los tendones de los músculos extensores, por lo que es ligeramente convexa. Está surcada por arrugas transversales de «abundancia» de piel (que se atenúan y suavizan en la flexión de los dedos), situadas en las articulaciones interfalángicas.
La cara palmar de los dedos aparece dividida en tres sectores convexos formados por almohadillas adiposas separadas entre sí por finos surcos transversales de flexión (dos dobles y uno simple) en las articulaciones interfalángicas.

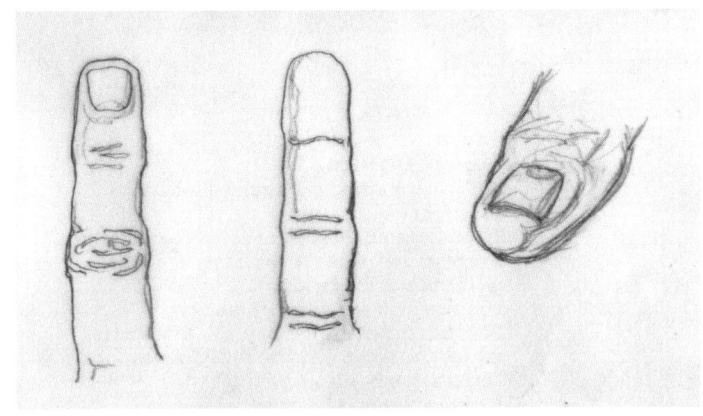

Venas superficiales

1 – Origen de la vena cefálica
2 – Venas intermetacarpianas
3 – Venas digitales dorsales
4 – Vena salvatela
5 – Origen de la vena basílica

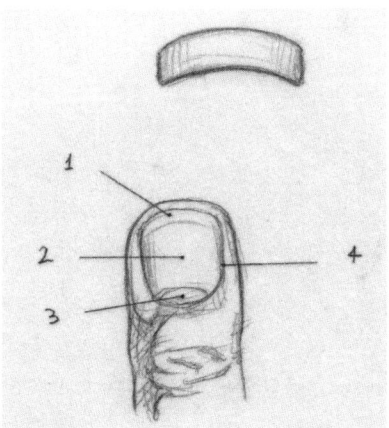

Uña

En el dorso de la tercera falange se encuentra la uña, un apéndice cutáneo de consistencia córnea cuya porción expuesta tiene forma cuadrangular o elíptica, ligeramente convexa. Ocupa la mitad distal de la falange, tiene un borde de crecimiento libre y está rodeada en los tres lados restantes por surcos y relieves cutáneos fácilmente observables.
La uña del pulgar es siempre mayor que las demás, que son proporcionales al volumen del dedo al que pertenecen.

1 – Margen libre de la uña
2 – Placa ungueal (conformación convexa)
3 – Lúnula
4 – Surco ungueal

Diversidad y variaciones morfológicas

En general, todas las manos tienen una forma similar, pero su aspecto varía en función de la edad, el tipo de trabajo realizado habitualmente, el sexo y la población de pertenencia o el estado de salud y nutrición. Algunas características típicas se pueden observar en las siguientes representaciones gráficas. Es evidente que la observación atenta y la comparación son las mejores herramientas que el artista precisa para captar y dibujar las peculiaridades de cada una.

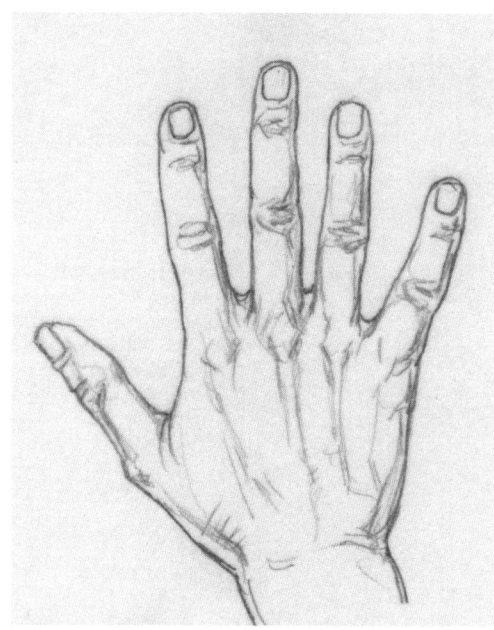

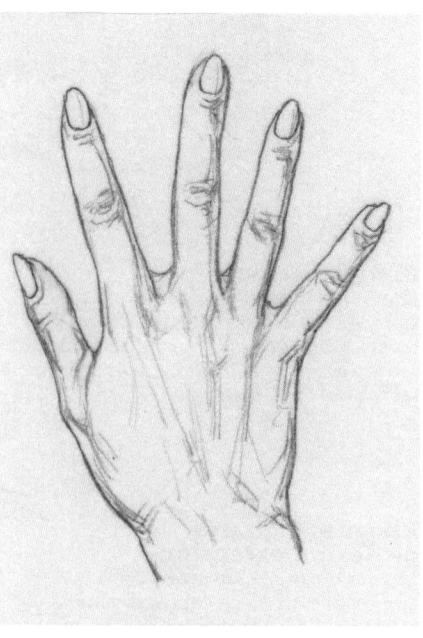

Mano masculina
– Aspecto «cuadrado» y ancho de la palma y los dedos.
– Tendones evidentes en el dorso de la mano.
– Presencia ocasional de vello en el dorso de la mano y los dedos.
– Uñas de forma cuadrangular.
– Pliegues cutáneos transversales evidentes y abundantes en el dorso de los dedos.
– Venas superficiales evidentes.
– Dedo anular más largo que el índice.

Mano femenina
– Aspecto estilizado de la palma y de los dedos.
– Uñas de forma elíptica.
– Estructura ósea, músculos, venas superficiales, tendones finos y delicados, poco evidentes.
– Dedo índice más largo que el anular.

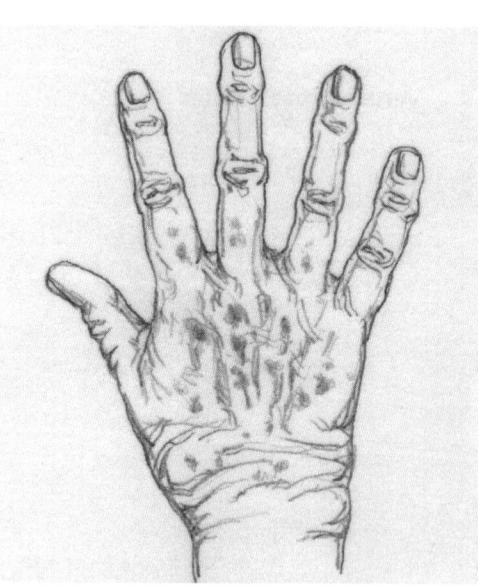

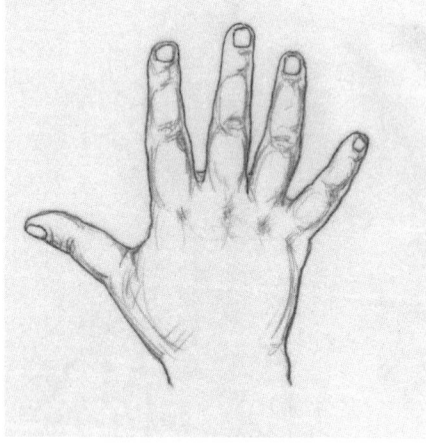

Mano senil
– Se forman muchas arrugas finas y permanentes en el dorso (la piel pierde elasticidad), los relieves óseos y articulares se hacen más prominentes y engrosados.
– La masa muscular disminuye de volumen y consistencia.
– Las venas superficiales se vuelven muy prominentes y tortuosas.
– Aparecen pequeñas manchas cutáneas marrones y circulares (lentigo).

Mano infantil
– Aspecto liso, regordete y «blando» de la mano y los dedos, sin relieve óseo ni tendinoso.
– Dedos cortos, rollizos y de forma cónica.
– Hoyuelos cutáneos en el dorso, en las articulaciones metacarpofalángicas.
– Surco profundo y circular en el límite entre la muñeca y el antebrazo.
– La palma es relativamente gruesa en comparación con el conjunto de los dedos.
– Las manos de los adolescentes presentan rasgos, dimensiones y características intermedias entre las de la infancia y la edad adulta.

14

El trazo y
el proceso

Conforme a la propuesta de este libro, el dibujo de manos surge ante todo de la traducción gráfica de la observación atenta del natural (de las manos propias o ajenas), desarrollando así una especie de sensibilidad interpretativa de las relaciones y proporciones de la mano en su conjunto y de sus diversas partes. El dibujo se convierte así en un vehículo de observación inteligente mucho más eficaz que la «memoria» fotográfica y a la que sustituye totalmente. Realizar estudios muy rápidos a partir de los trazos más espontáneos o intuitivos (algunos ejemplos se reproducen en esta página) es pues un entrenamiento muy válido e instructivo que (al menos al principio de la experiencia) permite vislumbrar lo que se puede conseguir con un dibujo muy elaborado y realizado con técnicas complejas. Para estudiar la estructura y las proporciones de la mano, simplificando las formas en sus elementos más significativos, bastan y convienen, por tanto, las herramientas más conocidas y sencillas, que pueden utilizarse con diferentes procedimientos.

Rotulador de punta fina

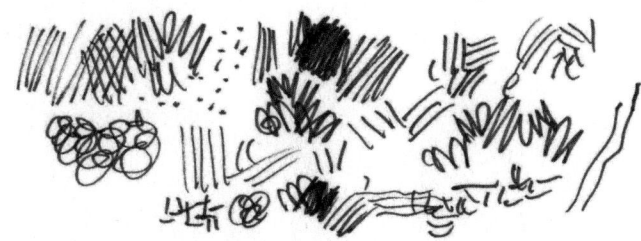

Rotulador de punta gruesa

Bolígrafos

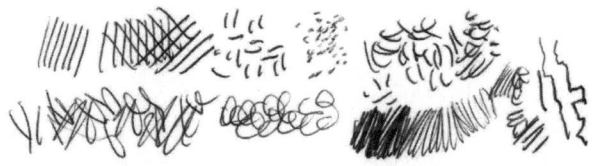

Plumilla y tinta

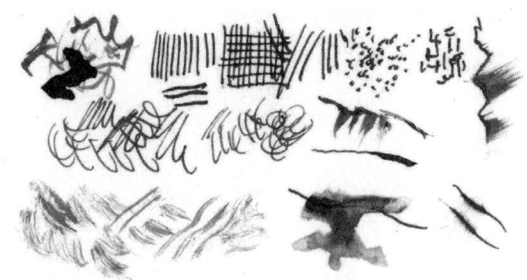

Lápices de grafito

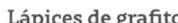

Carboncillo

Procedimiento lineal

El procedimiento lineal centra la atención en la estructura de todo el «cuerpo» (la mano) o de sus partes individuales. Sugiere volúmenes y define relaciones mediante la modulación de una sola línea, más o menos gruesa. Los instrumentos más adecuados son los «duros» y puntiagudos (lápices de grafito, plumilla, bolígrafos, etc.).

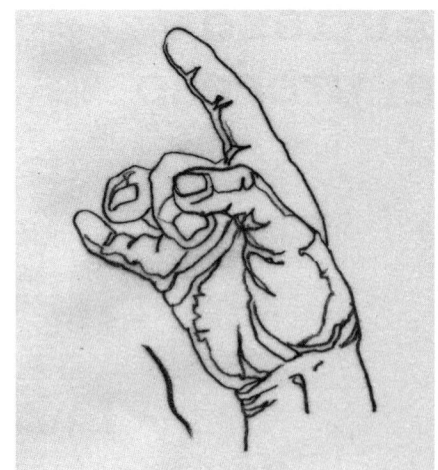

Línea uniforme fina

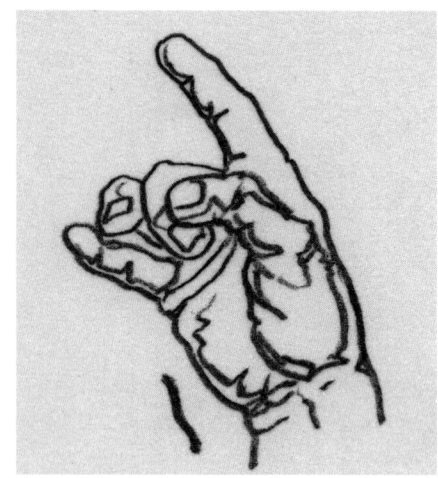

Línea uniforme gruesa

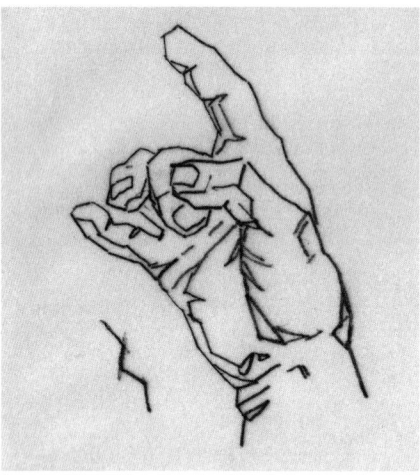

Línea quebrada

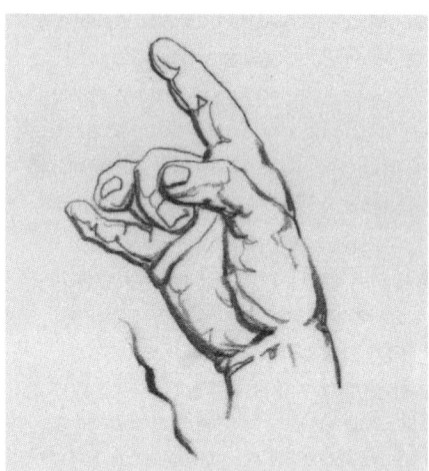

Línea modulada

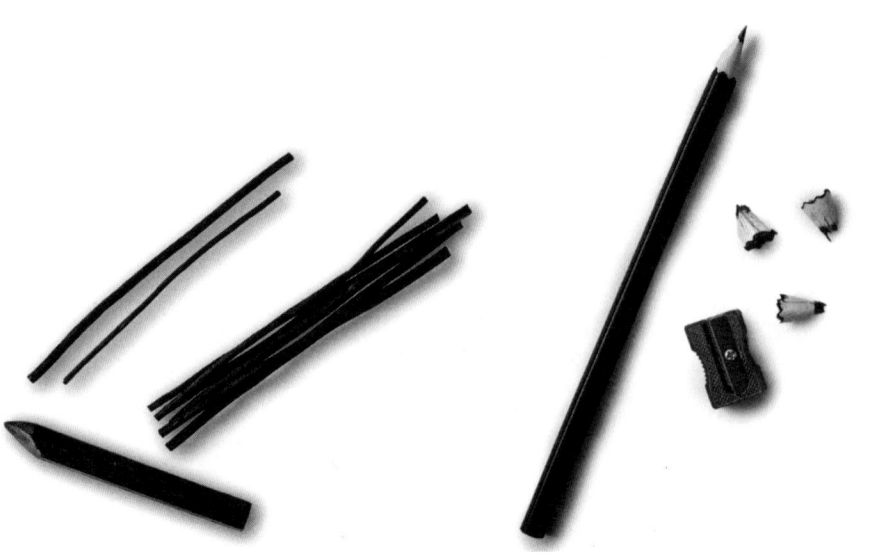

Creo que el carboncillo, pero sobre todo el lápiz de grafito en sus distintas gradaciones, es la herramienta fundamental y más adecuada para «anotar» sobre el papel las peculiaridades de la mano, estática o en acción.
Las gradaciones algo «duras» (H o 2H) pueden utilizarse para dibujar las líneas iniciales finas, pálidas y nítidas; las más «suaves» (HB, B, 2B, etc.), en cambio, son adecuadas para indicar y elaborar los distintos tonos del claroscuro.

Procedimiento tonal

El procedimiento tonal se centra más bien en la modulación de los tonos, acentuando los efectos del claroscuro. El contraste y la afinidad de los tonos contiguos bastan por sí solos para sugerir volumen. Existen muchas técnicas para aplicar los trazos, algunas representadas en las imágenes de esta página. Los instrumentos más adecuados son los «suaves» y fáciles de difuminar (carboncillo, lápiz de grafito, etc.).

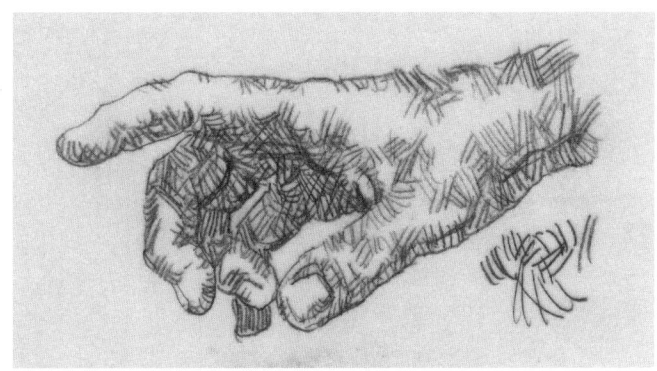

Rayado lineal o cruzado

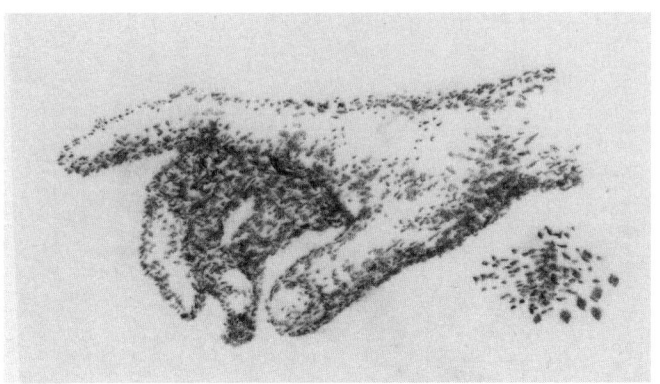

Punteado

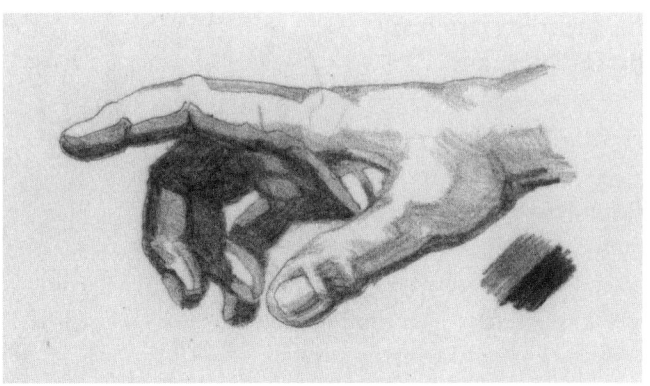

Fondos tonales (dos tonos de gris y blanco)

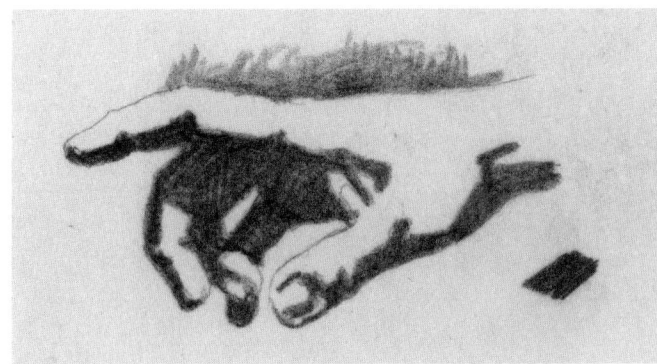

Solo dos tonos (blanco/negro)

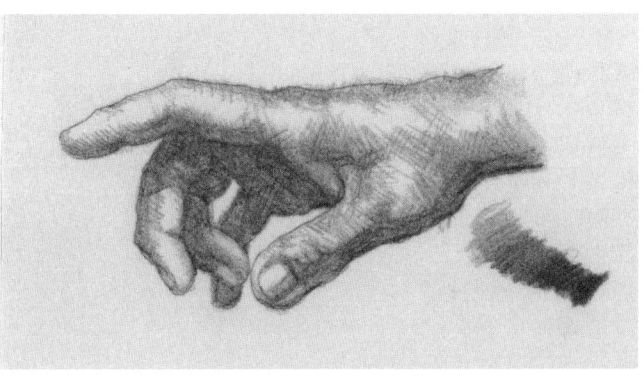

Sombreado con gradación tonal

En busca de la forma

La mano es uno de los elementos más complejos y móviles del cuerpo humano, pero se puede reducir a unas pocas formas esenciales, suficientes para sugerir su estructura general, las partes que la componen, sus proporciones y relaciones, su acción o cualquier otro aspecto útil para representarla de la manera más eficaz.

La geometrización de las formas

En posición extendida, como ya se ha dicho, la mano puede dividirse en dos grandes partes, la palma y los dedos. Cualquiera que sea la posición de la mano (pero sobre todo cuando está extendida o cerrada en puño), es útil identificar ciertas líneas curvas, de radio variable, que unen los extremos de los dedos o los puntos correspondientes a las articulaciones entre las falanges y entre estas y la palma.

La «palma» de la mano puede recordar a un paralelepípedo aplanado, cuadrangular y ligeramente convexo en su superficie dorsal.

Los dedos pueden asimilarse, en conjunto y en una primera aproximación, a una forma aplanada, trapezoidal, unida a la palma. Los dedos individuales también pueden descomponerse en una serie de paralelepípedos que simulan sus proporciones recíprocas y su grado de flexión.

Esta simplificación «geometrizante», que no es natural, evoca las manos mecánicas de los antropoides robóticos o a los antiguos modelos de madera, pero resulta

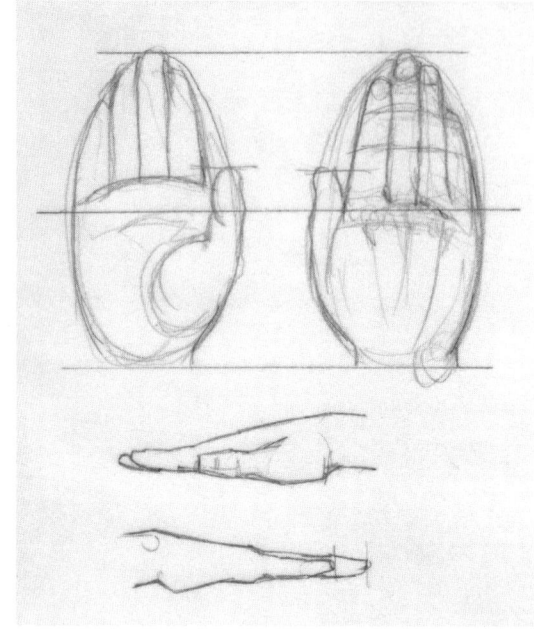

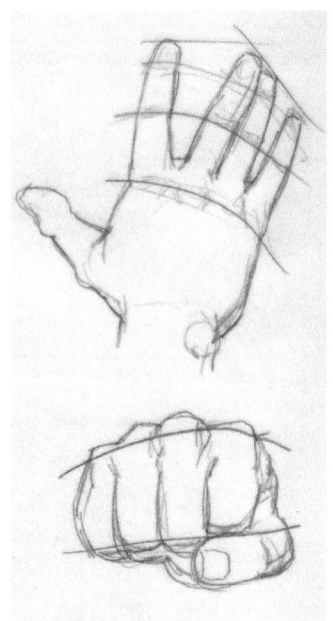

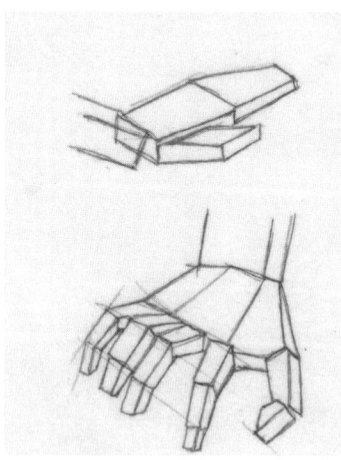

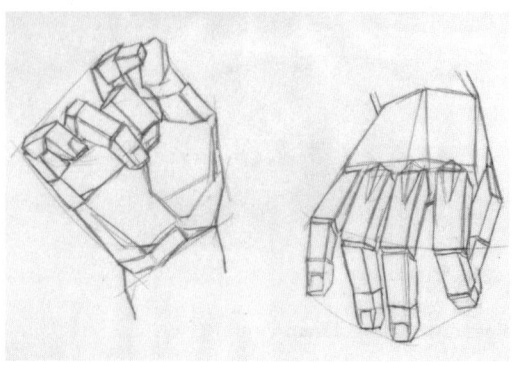

muy útil para explorar las formas de la mano y conferirles una solidez acorde con el soporte óseo.

La descomposición en planos

La modulación de los valores tonales, del claroscuro, de una forma compleja como la de la mano, puede simplificarse y ser más eficaz si se opta por ver y considerar la superficie del sujeto como «descompuesta» en zonas más pequeñas y bien delimitadas, en cada una de las cuales el valor tonal es uniforme. Este procedimiento guarda cierta relación con la «geometrización» de las formas: al igual que las diferentes estructuras corresponden a planos estructurales distintos, los diferentes valores tonales corresponden a planos distintos.

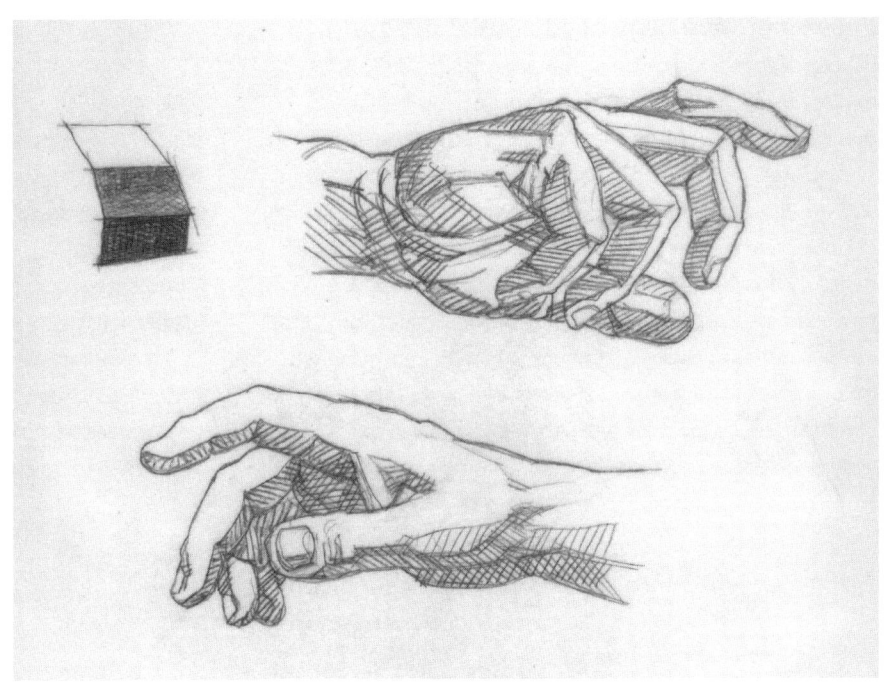

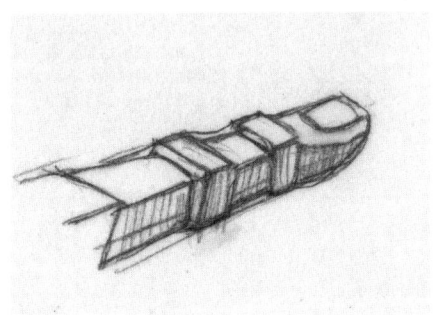

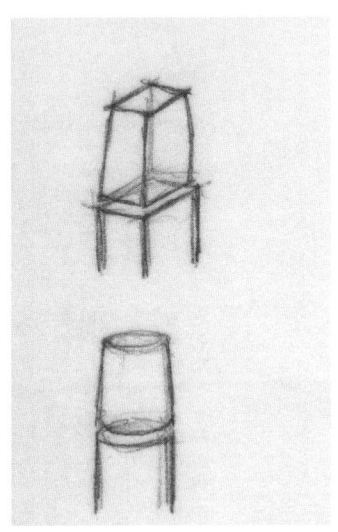

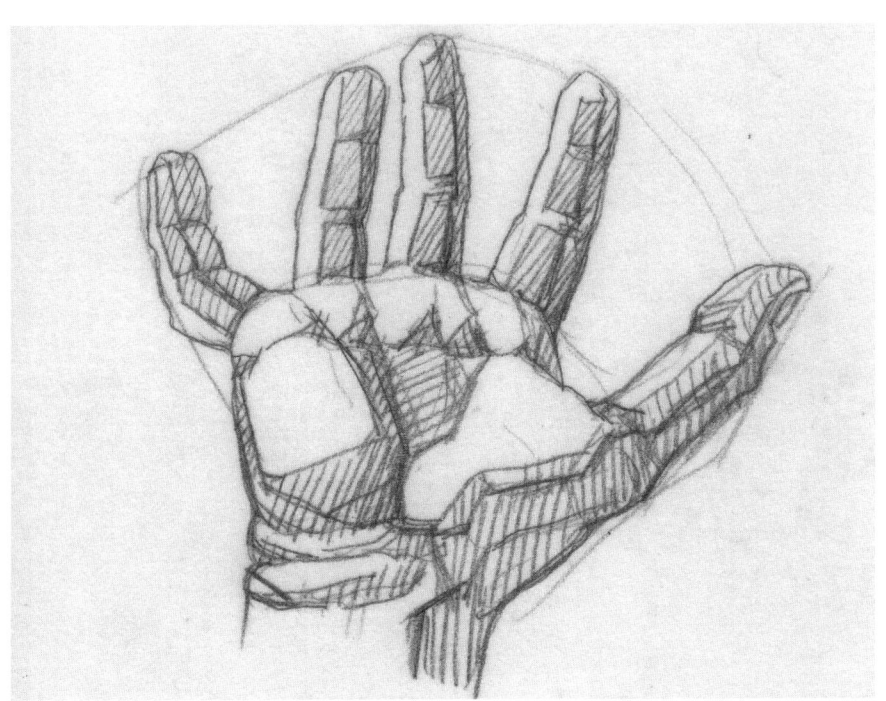

El enfoque «cúbico», angular, delimita mejor los «planos» de estructura superficial de los dedos y, por tanto, es preferible al enfoque «cilíndrico».

Fases y modos de proceder en el dibujo

Las técnicas de dibujo son muy numerosas, y aún lo son más los estilos (es decir, las «formas» de representar) en que se aplican, en sintonía con las características expresivas particulares de cada artista. Aquí me gustaría llamar la atención sobre ciertas fases de observación, primero, e interpretación, después, que resultan útiles para abordar con eficacia el dibujo de las manos. Los procedimientos más tradicionales se inspiran, por una parte, en la búsqueda de las modalidades llamadas «estructurales» (es decir, las líneas y masas de formas esenciales que «construyen» la mano) y, por la otra, en la búsqueda inmediata de claroscuros y efectos de volumen. Los distintos modos de proceder, por supuesto, se complementan entre sí y siguen fases de elaboración algo similares (los esquemas siguientes sugieren las secuencias más relevantes), pero todos ellos están destinados a desarrollar las formas, desde las insinuaciones más simples y esquemáticas hasta la definición precisa del aspecto volumétrico.

Modo estructural «geométrico»

Los primeros signos trazados, esencialmente lineales, detectan las dimensiones y proporciones fundamentales. Los signos posteriores investigan las conformaciones tridimensionales, los planos estructurales, las relaciones de extensión e intensidad de las zonas iluminadas y sombreadas.

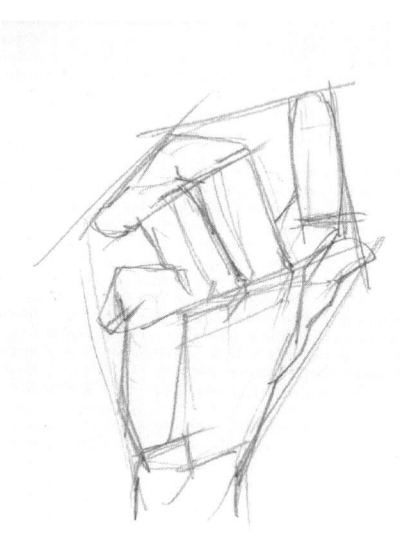

Fase 1. Posición y dimensión. En la fase inicial se trata de identificar la actitud expresiva de la mano, sus dimensiones globales, su orientación en el espacio. En otras palabras, se trata de indicar brevemente con algunos trazos lineales el gesto y la superficie que ocupará la mano dibujada en la hoja.

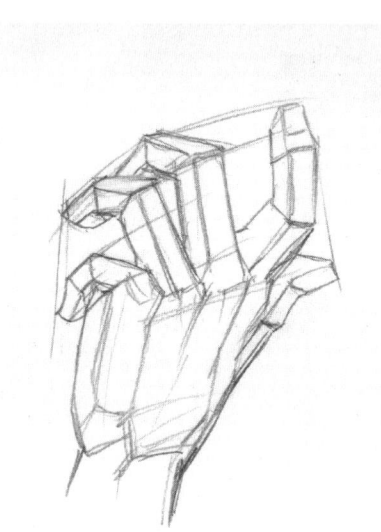

Fase 2. La interpretación referida a formas simples de sólidos geométricos (paralelepípedos, esferas, cilindros, etc.) es muy útil para dar apariencia de solidez estructural y volumétrica al dibujo de la mano. También facilita la identificación y el delineado de los planos de luces y sombras y las relaciones entre las partes.

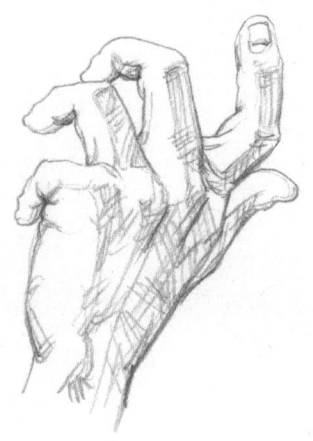

Fase 3. Aunque el modelado geométrico es útil para verificar la estructura de las formas, la da a la mano dibujada un aspecto demasiado mecánico y artificial. Por lo tanto, hay que «humanizar» las líneas de contorno, es decir, hacerlas más suaves y parecidas a las formas biológicas de la anatomía, conservando al mismo tiempo la coherencia del armazón osteomuscular.

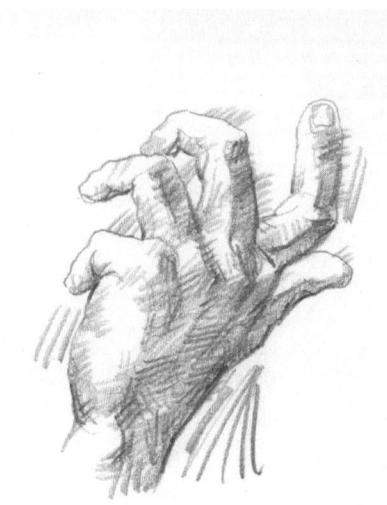

Fase 4. El análisis en planos es de gran ayuda para la correcta representación de las luces y las sombras (tanto propias como proyectadas) que aparecen sobre la mano. En esta etapa, en definitiva, se profundiza en la elaboración del claroscuro, dentro de los límites de la eficacia representativa y el estilo propio de cada artista.

Modo volumétrico lineal

La compleja estructura de la mano hace necesario comprender plenamente sus elementos formales fundamentales mediante una observación atenta y posterior síntesis gráfica precisa.

En la imagen que reproducimos a continuación se indica una secuencia de pasos que puede resultar útil. Comienza con la delimitación del área, del «espacio» que ocupará la mano en la hoja: estos primeros trazos pueden ser más lineales o tonales. Continúa con la indicación de proporciones y planos, con la definición de perfiles y relieves «anatómicos», el realce de masas tonales, volúmenes y otros elementos característicos o peculiares.

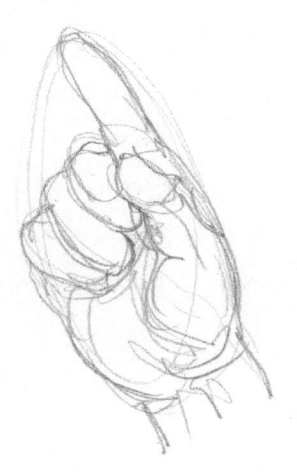

Fase 1. Esta manera de proceder sigue buscando la solidez geométrica de las formas, pero las mantiene bajo trazo, por así decirlo: los primeros signos se trazan en línea, libremente, de manera casi «gestual», intentando captar sobre todo el sentido del gesto y las características de forma de esa mano concreta.

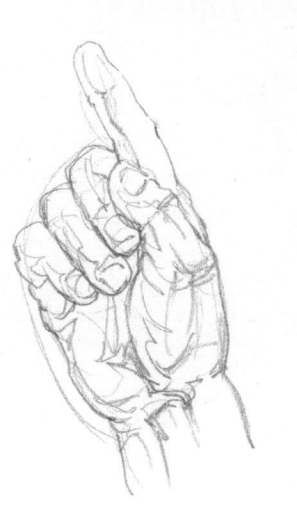

Fase 2. Los trazos están ahora mejor definidos y estructurados, teniendo en cuenta tanto los relieves geométricos de las formas externas como la conformación anatómica, especialmente el componente óseo.

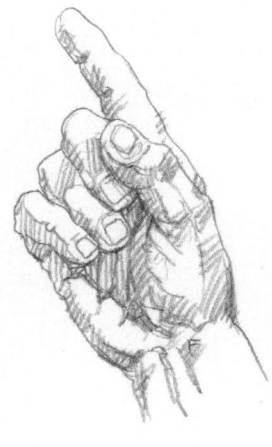

Fase 3. Se introducen las zonas de claroscuro, respetando los límites entre las zonas en luz, en penumbra y en plena sombra, dejando los puntos de máxima reflexión de la luz con el blanco del papel.

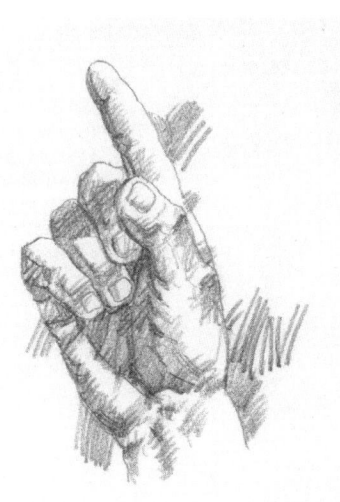

Fase 4. Llegados a este punto de exploración de las formas, se procede a la modulación tonal de cada parte, evaluando el conjunto y sus relaciones recíprocas.

Modo «tonal» de masas

Un procedimiento alternativo (o complementario) al predominantemente lineal es el «solo tonal», que tiene características más sintéticas que el dibujo lineal, pero que puede producir resultados similares, si se evalúan con sumo cuidado los claroscuros, reduciendo o eliminando el trazo lineal.

Fase 1. En lugar de comenzar el dibujo con líneas, es posible (y, en algunos casos, preferible) indicar en la hoja una ligera sombra tonal, suficiente para sugerir la composición, la actitud, la forma de la mano que se va a representar. Se puede utilizar carboncillo o un lápiz ancho de grafito muy suave.

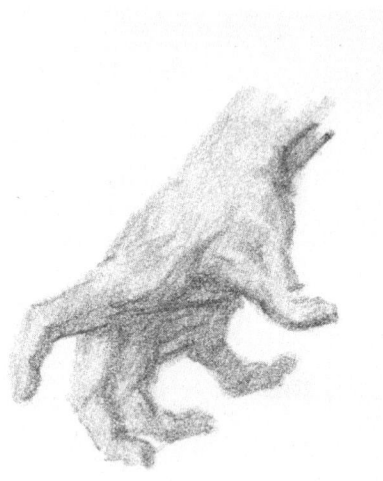

Fase 2. Se pueden distinguir al menos dos o tres tonos de gradación del claroscuro. Su ubicación exacta sugiere la forma tridimensional, el volumen de la mano y la dirección de la que procede la luz. Las zonas más iluminadas se expresan mediante el color claro (o blanco) del papel.

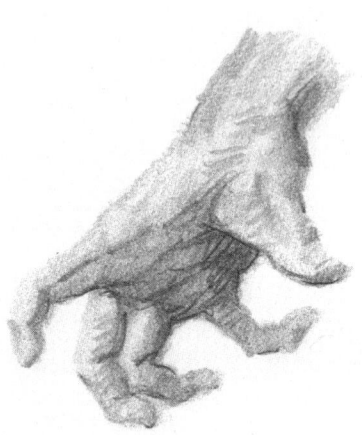

Fase 3. La estructura articulada y maciza de la mano puede hacerse más explícita introduciendo trazos afilados y lineales, para definir la posición y la consistencia del armazón óseo, y la aparición de las articulaciones.

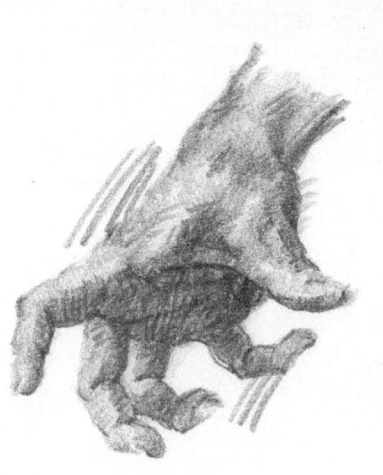

Fase 4. En relación con el estilo gráfico elegido y el grado deseado de análisis de la forma, se puede proceder a una modulación ulterior de los tonos y acentos de luz y sombra.

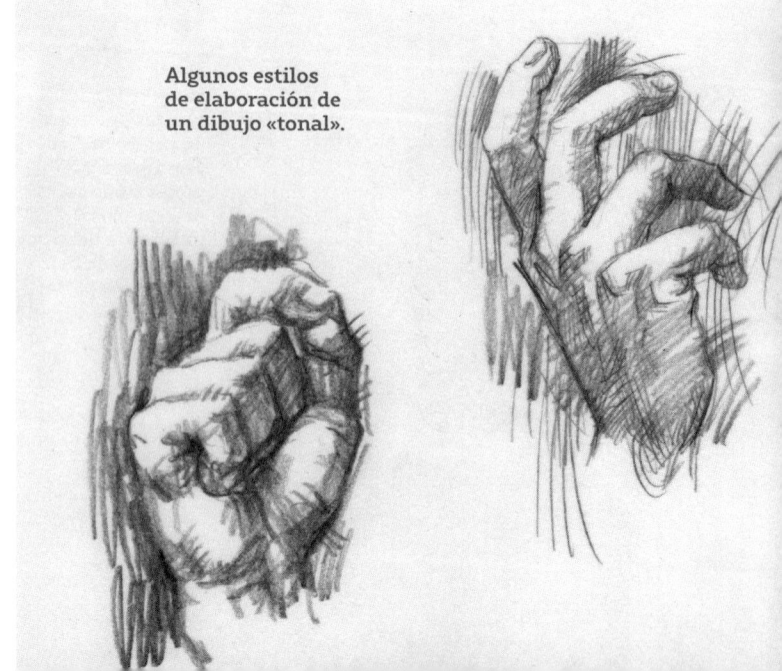

Algunos estilos de elaboración de un dibujo «tonal».

La perspectiva lineal

Como todas las partes del cuerpo de
cualquier organismo natural, la mano se
ve casi siempre según un cierto grado
de escorzo en perspectiva. La perspectiva
lineal oblicua prevé la colocación del
objeto en relación con el horizonte
(«o», situado siempre a la altura de
los ojos del observador) y dos puntos
de fuga (PF1, PF2) espaciados de forma
variable en la línea del horizonte, en
los que parecen converger las líneas
imaginarias tangentes al objeto.

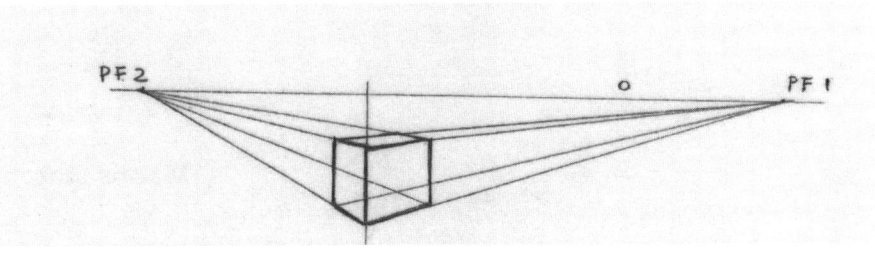

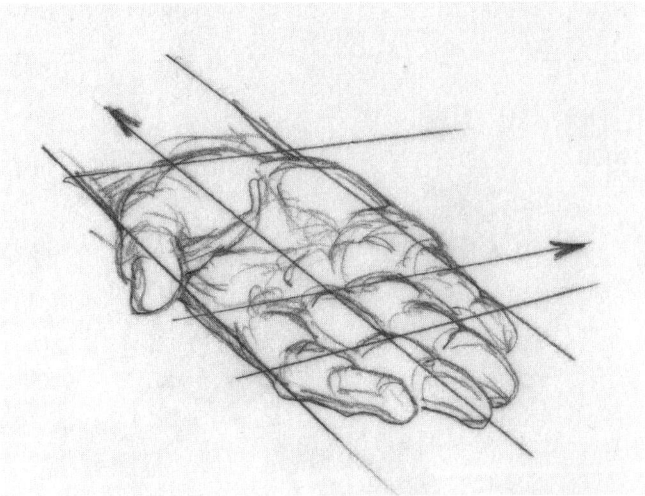

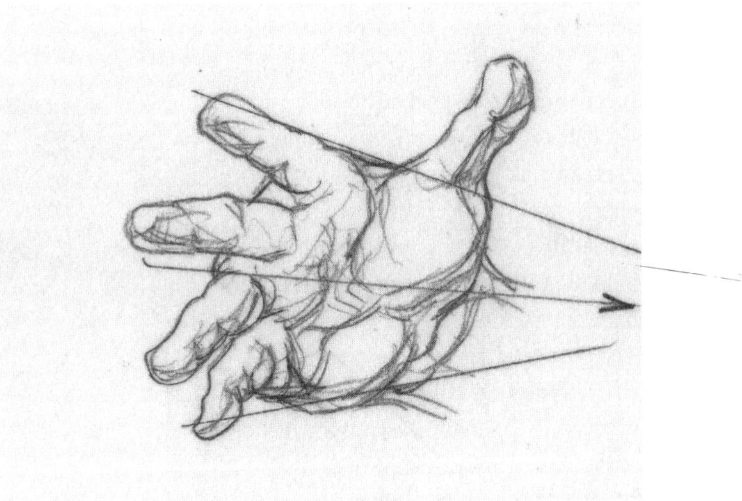

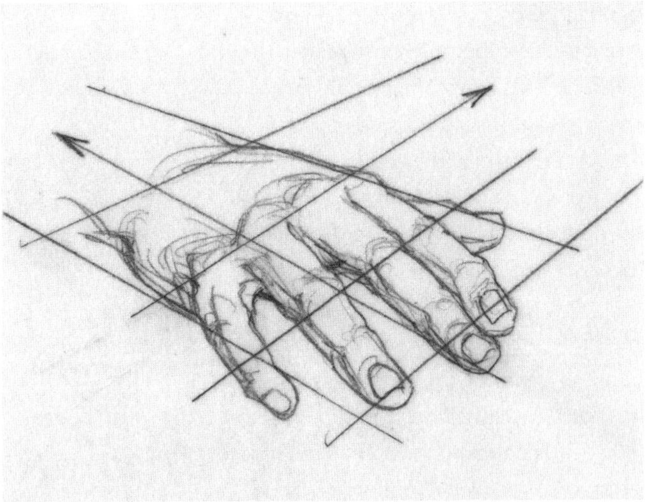

Repertorio de acciones, gestos y actitudes

La mano es la herramienta de comunicación corporal no verbal más eficaz, solo igualada por el rostro y su mímica. Las manos y los dedos se encuentran, por tanto, entre los temas artísticos más interesantes, pero también son los más difíciles de representar, debido a su gran variedad de movimientos y escorzos. El estudio escapa a una esquematización sistemática estereotipada, porque ha de basarse sobre todo en la observación de las distintas estructuras, en sí mismas pero también relacionadas con posturas expresivas. Esta sección contiene numerosos dibujos a lápiz, algunos bastante elaborados, otros más sintéticos, que representan tanto mi mano izquierda reflejada en un espejo como las manos de otros sujetos en distintas posturas. El estudio de las propias manos es la manera más directa y eficaz de comprender plenamente sus diferentes aspectos. Observar y mover la propia mano también permite comprender plenamente el «gesto significativo»: la mano posee la capacidad de realizar las funciones más diferenciadas.

Por ejemplo, la mano (aunque conviene siempre considerar que el ser humano es 'bimano' y opera con las dos, aunque con matices diferentes en cada una) puede realizar acciones operativas, actuando sobre el mundo circundante (agarrar, apretar, sujetar, sostener, asir, etc.), gestos expresivos de comunicación o interacción emocional (de bienvenida, agresivos, de rechazo, de asentimiento, de afecto, etc.) o asumir actitudes pasivas o intenciones manifiestas (de relajación, de acusación, de indicación, de reflexión, etc.).

Manos masculinas

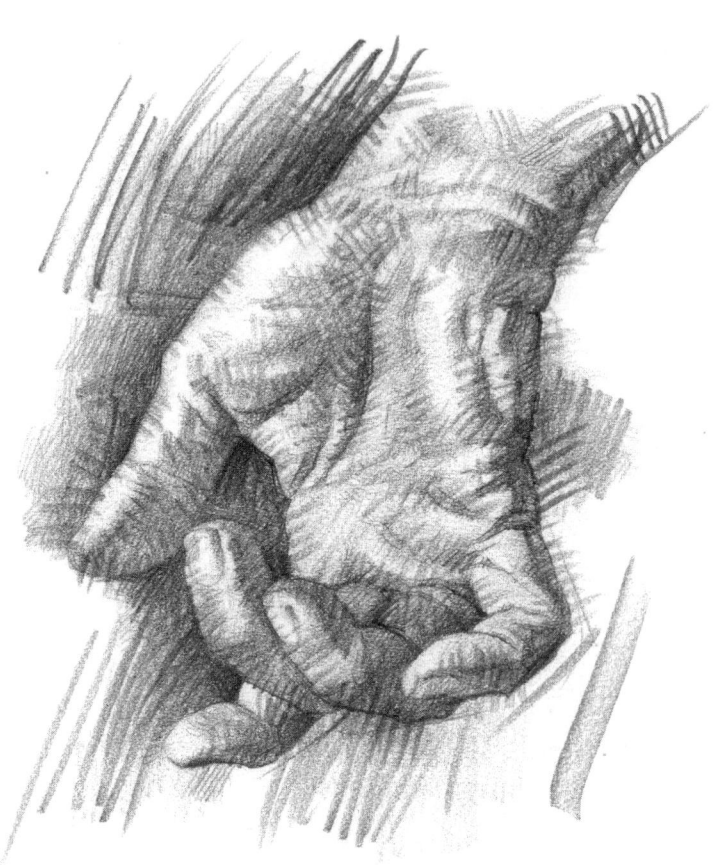

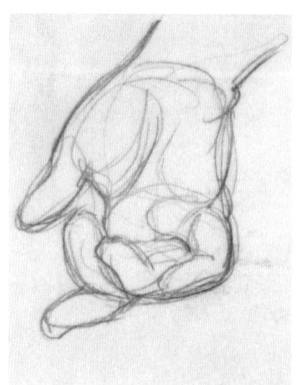

Fase 1. Líneas esenciales de forma y «volumen» (o «flujo») en la hoja de papel.

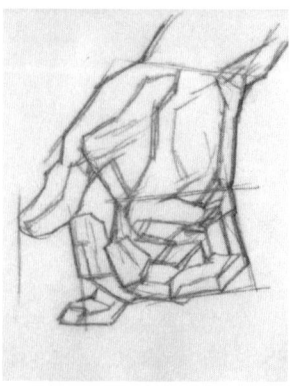

Fase 2. Volumen, estructura, planos, proporciones.

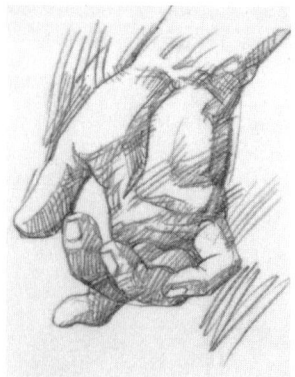

Fase 3 (y siguientes). «Acentos» tonales, elaboración del claroscuro y de los detalles.

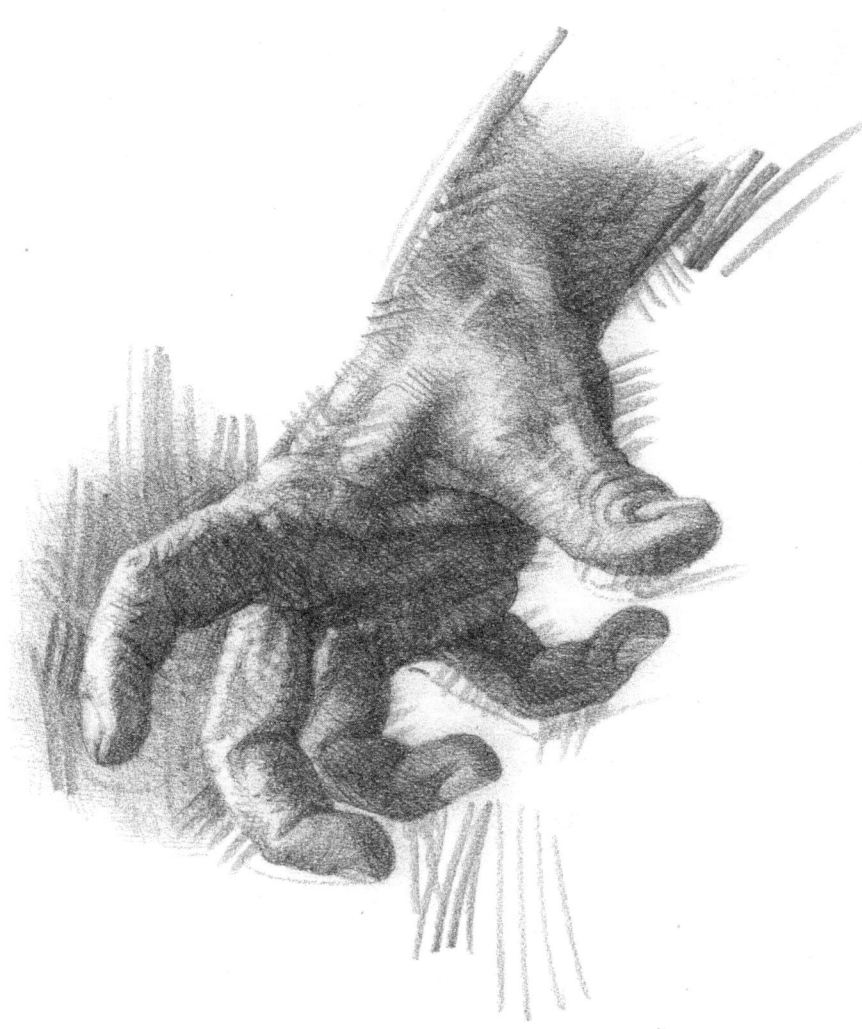

La forma de la mano es compleja y no simétrica: cada punto de vista presenta un problema diferente de construcción y, sobre todo, de perspectiva. Casi siempre, las manos se ofrecen a la observación en escorzo, ya estén inactivas o realizando algún gesto. Pero esto, aunque sea una dificultad técnica, es también un aspecto de especial interés para un dibujo representativo de las manos.

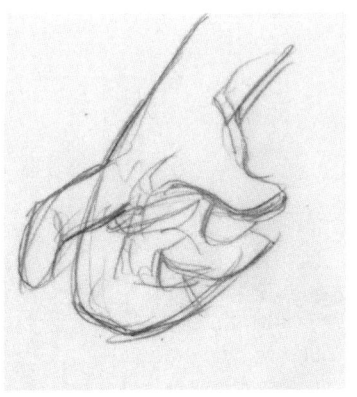 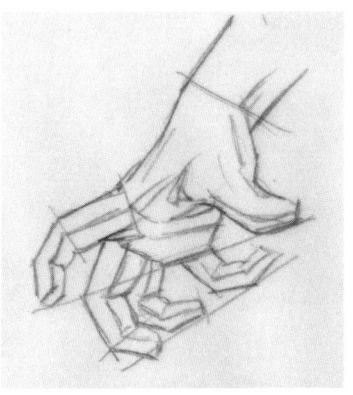 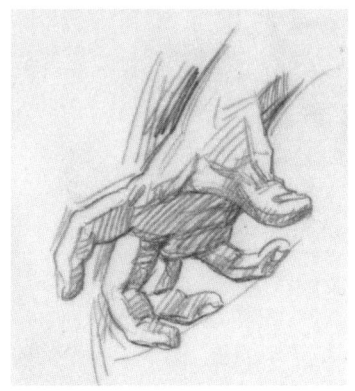

Nota sobre el método. En el proceso normal, las «fases» no son distintas y separadas, sino que se trabajan gradualmente y en secuencia, como una «manera de acercarse» a la forma. Por lo tanto, los primeros trazos deben ser muy ligeros; los siguientes, en cambio, pueden ser más nítidos y consistentes. A este respecto, cabe señalar que, según la opinión común (y consolidada por Paul Valéry), «completar» o «acabar» un dibujo consiste además en prescindir de todo aquello que muestra o sugiere su realización, su «hacer/proceso». Evidentemente, no siempre es así: intuir las huellas del desarrollo puede aumentar el interés de la obra... Los dibujos aquí reproducidos no constituyen una mera «exposición» de temas para reproducir o imitar pasivamente, sino que, y esa es mi intención, deben entenderse como «sugerencias de posiciones» (solo algunas del ilimitado número posible...) que puede adoptar el modelo o, mejor aún, uno mismo, para captar plenamente, en una especie de cinestesia, el «carácter» del gesto, la situación en el espacio ambiental, la respuesta de la estructura anatómica... dibujando del natural, por supuesto.

Observar las manos directamente del natural es la manera más segura de dibujarlas eficazmente y captar su «carácter» de forma y expresividad. Sin embargo, pueden persistir ciertos prejuicios y convenciones estéticas que desvíen la observación sugiriendo, de manera casi inconsciente, fórmulas estilísticas de tradición consolidada (pero caduca). Así, por ejemplo, la mano considerada «típicamente» masculina puede inspirarse en muchas obras escultóricas romanas que representan a senadores, emperadores o comandantes en actitudes de poder: más grande que la media natural, vigorosa, nudosa en las articulaciones, con las falanges bien marcadas.

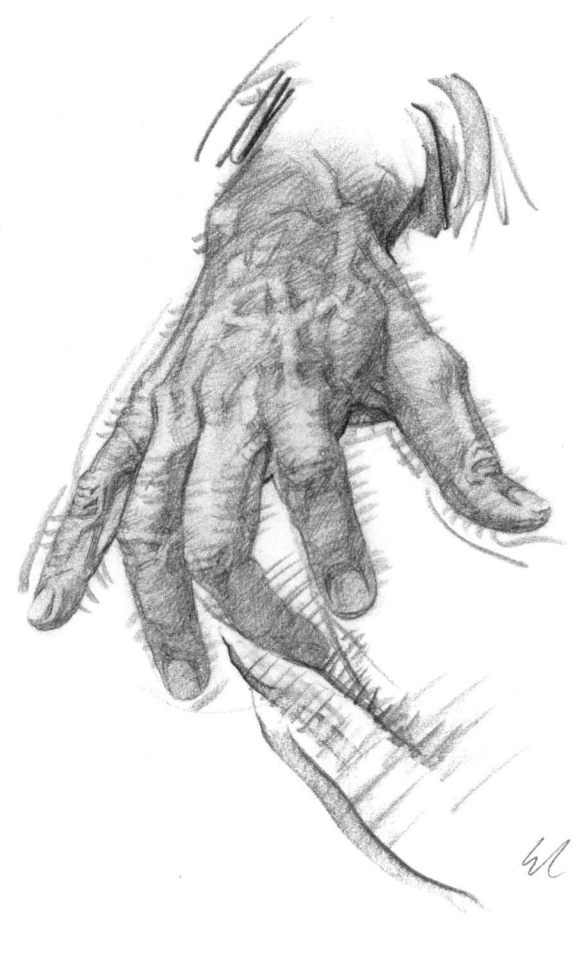

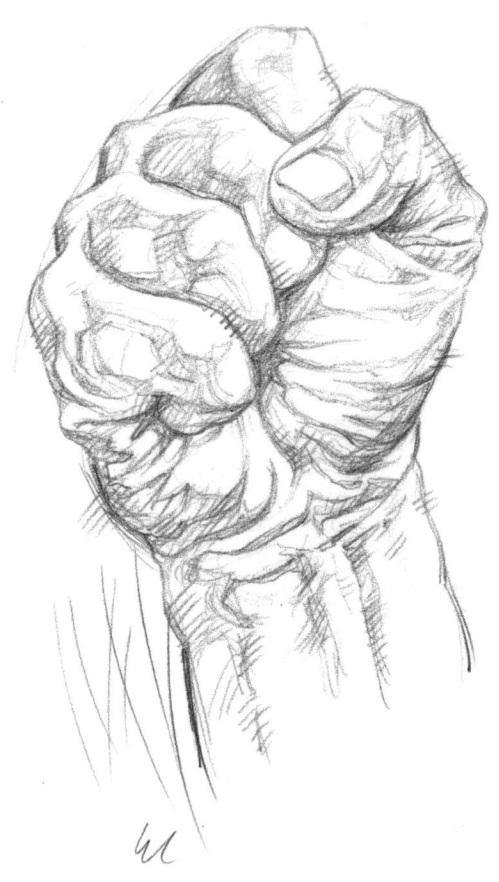

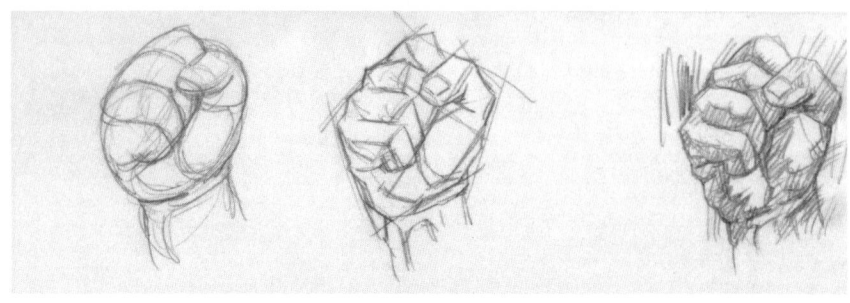

En el puño cerrado, es importante respetar la orientación correcta del pulgar frente a los demás dedos.

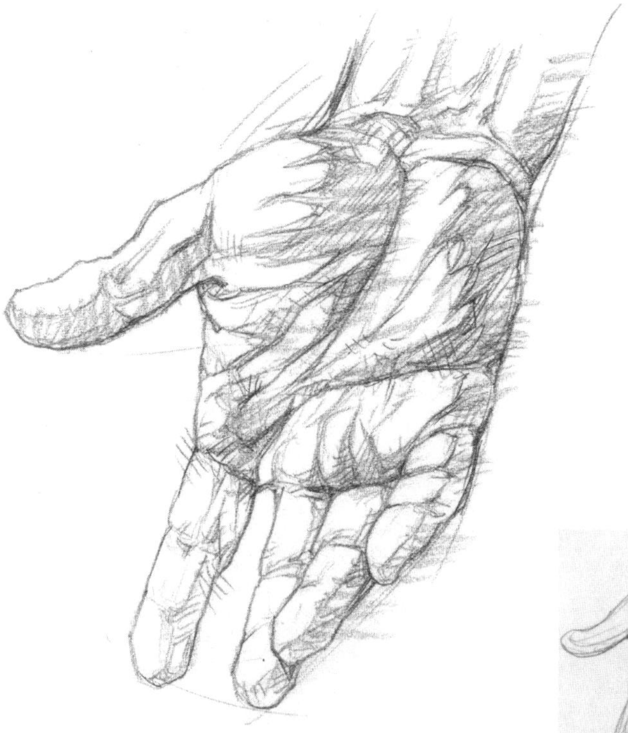

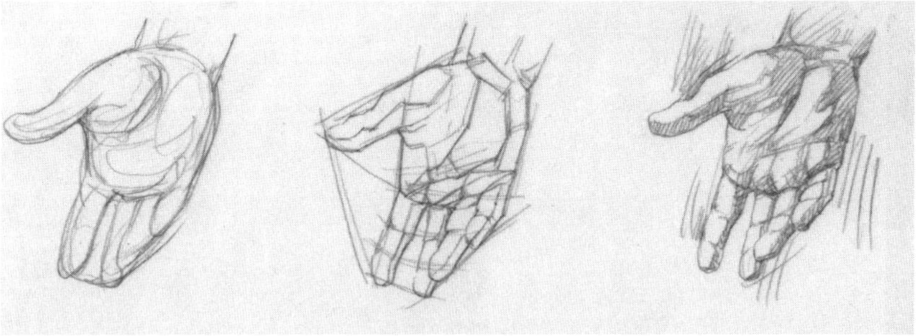

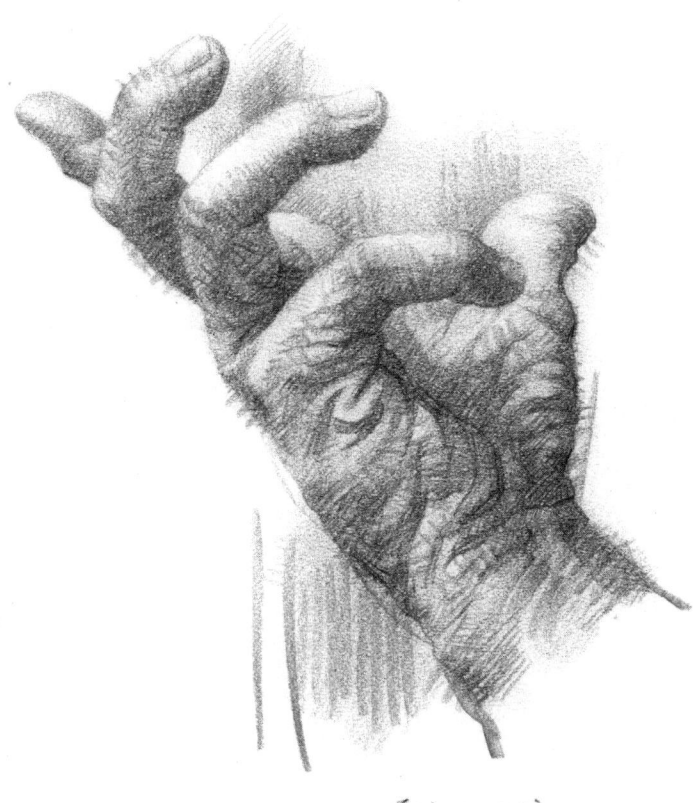

La envoltura armoniosa y eficaz de los dedos es posible gracias a una precisa relación matemática de la longitud de las tres falanges de cada dedo. La secuencia de flexión suele comenzar con el meñique, seguida sucesivamente por los otros tres dedos, sin involucrar al pulgar.

El pulgar oponible es característico de la especie humana. Cuando se flexiona hacia la palma de la mano o los dedos, crea surcos marcados en el grupo muscular de la eminencia tenar y hacia la base de la muñeca. Los ejes longitudinales de los dedos flexionados tienden a converger hacia el centro de la palma.

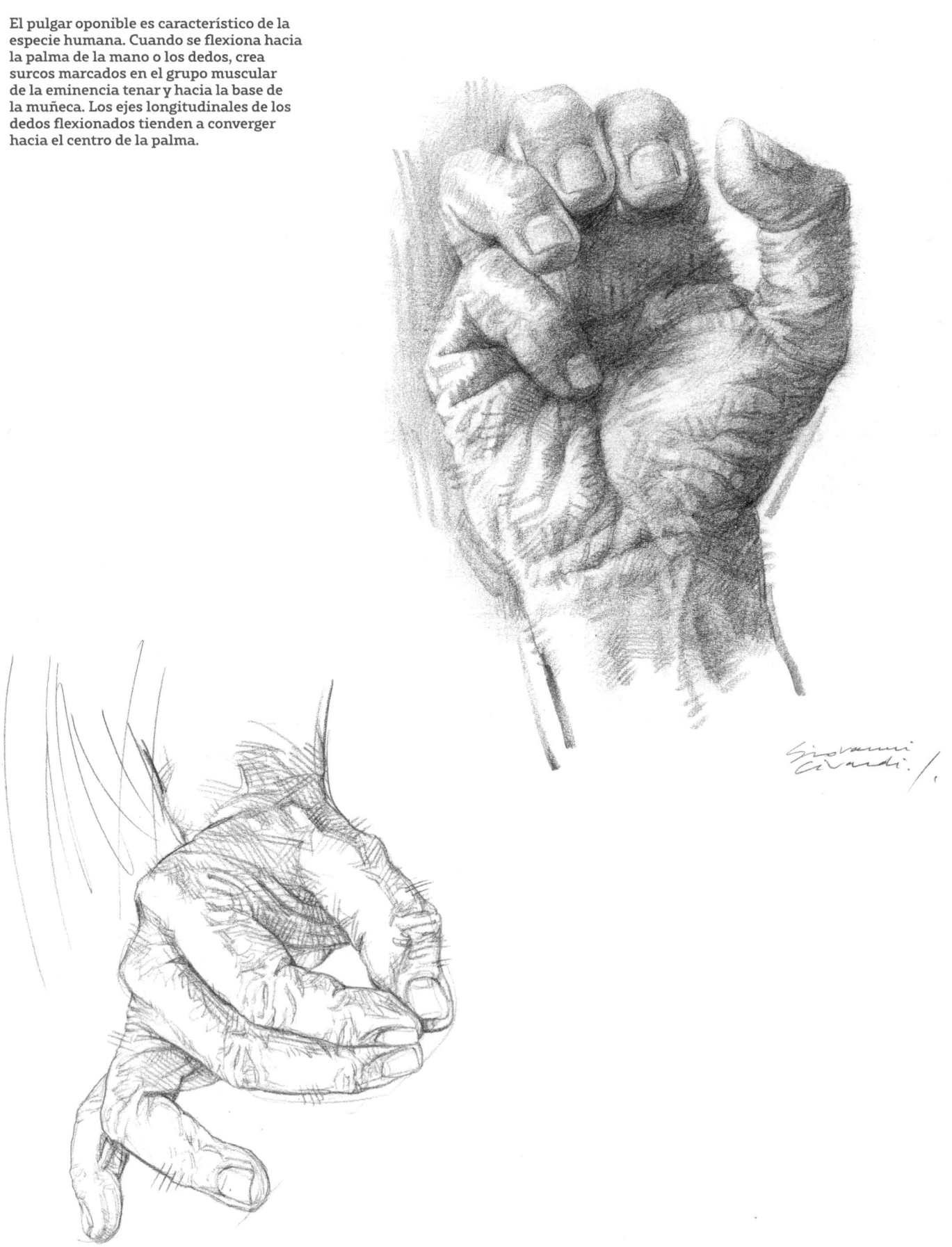

Las formas de la mano deben «simplificarse» eligiendo solo un conjunto de elementos bien estructurados que sean suficientes para sugerir su carácter de «solidez» anatómica. Esto se aplica especialmente a las manos masculinas de los adultos, mientras que para las manos femeninas o infantiles es preferible tratar las formas con más delicadeza. En el dorso, que es algo convexo, se perciben claramente los relieves de los tendones extensores de los dedos, los de las venas superficiales y, a veces, la presencia de escasa vellosidad.

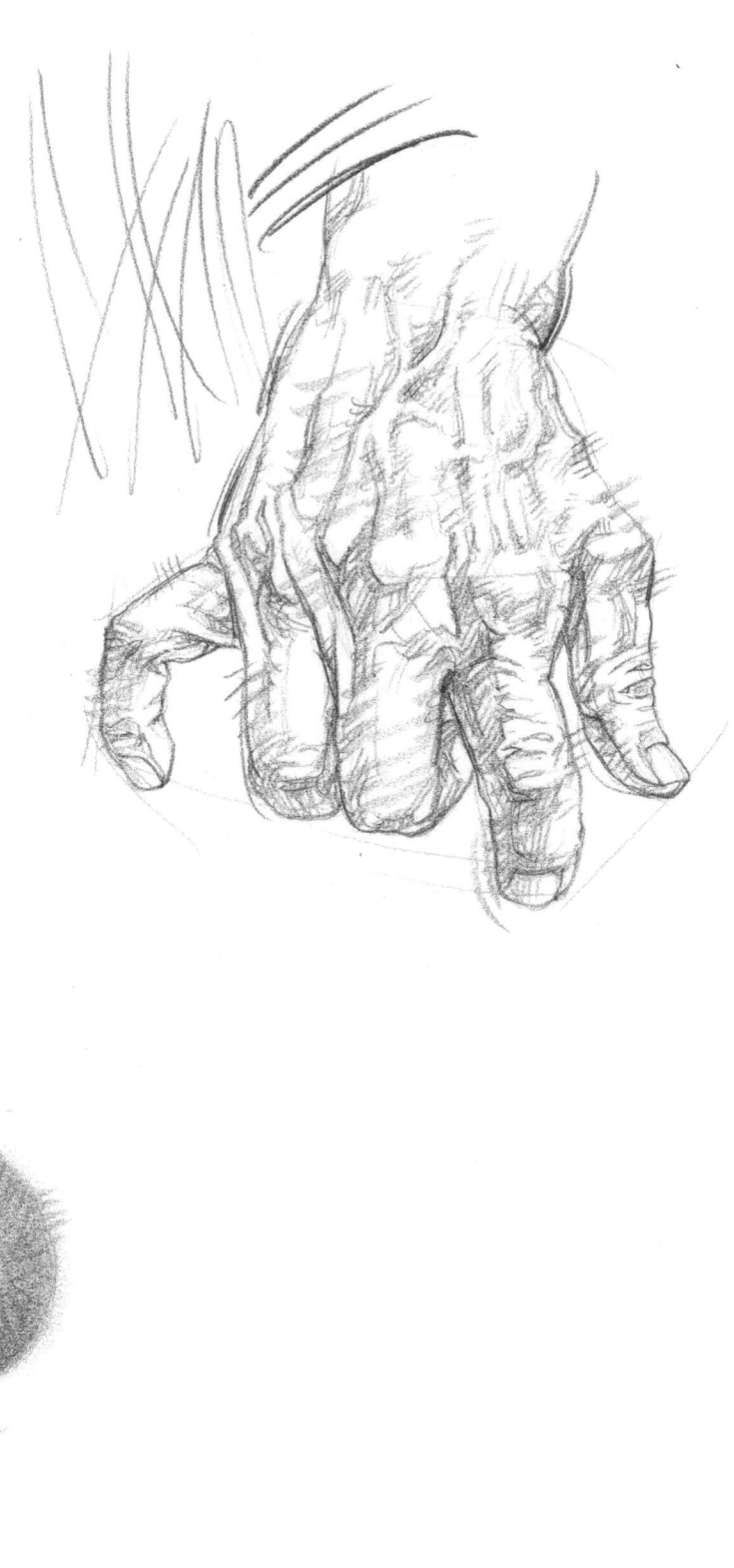

Las partes de la mano conformadas
por músculo y tejido adiposo parecen
más matizadas y blandas que las
conformadas sobre hueso o tendón.
En la muñeca, sobre todo en la flexión
de la mano hacia el antebrazo, se forman
unos surcos transversales afilados
que, sin embargo, siguen siendo más
ténues incluso cuando la mano adopta
otras posiciones.

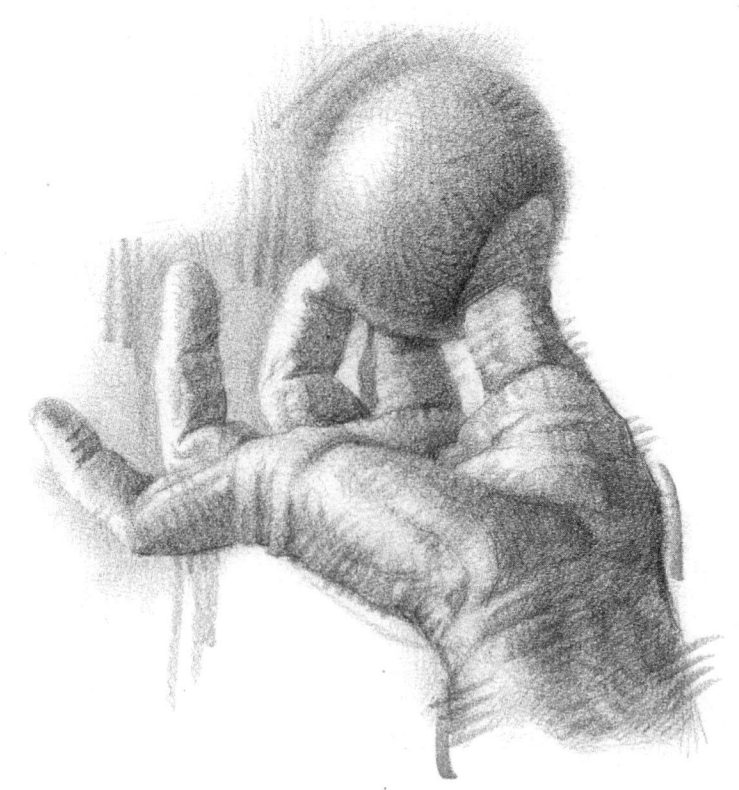

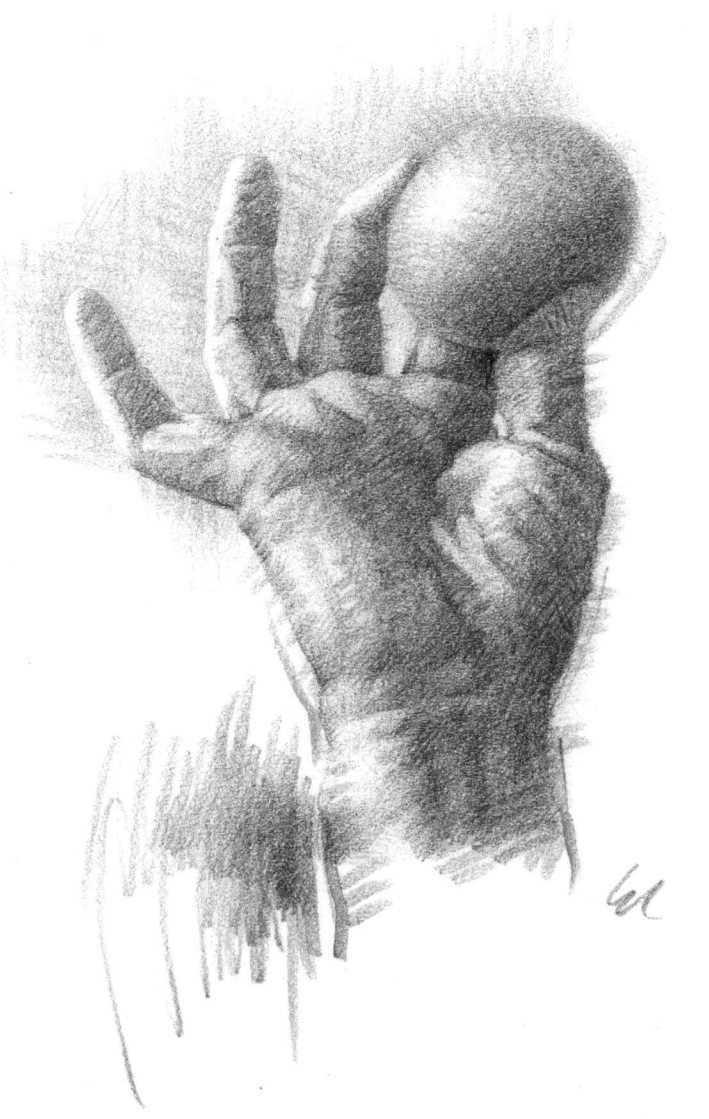

Los surcos (o líneas y pliegues) de flexión
de la cara palmar de la mano son de
diversos grados, algunos permanentes,
muchos transitorios. Para los propósitos
del dibujo, destacan especialmente los
causados por el pulgar en el acto de
oposición, los de la base de los dedos
y que conectan con la palma, y los de
las articulaciones de cada falange.

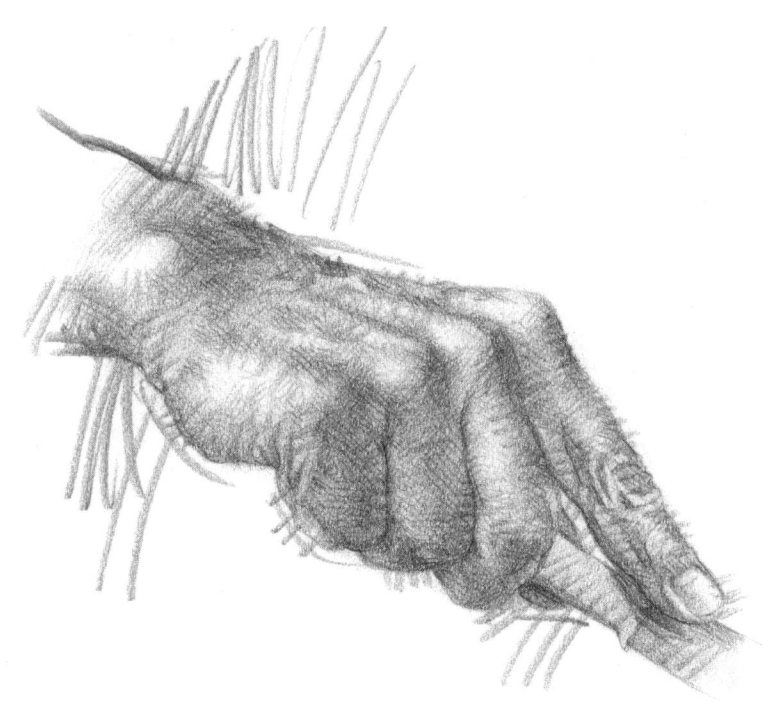

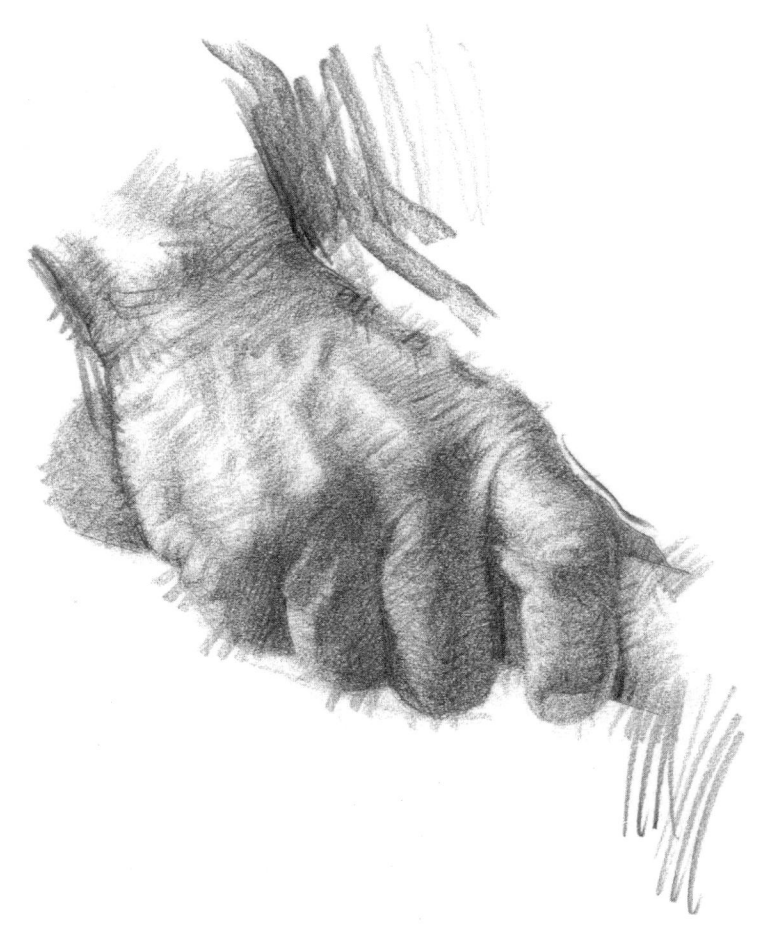

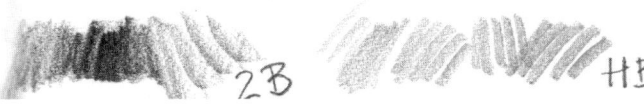

2B   HB

Cuando los dedos están flexionados,
la piel de las articulaciones se estira,
y cuando están extendidos, se forman
grandes pliegues y surcos transversales,
de «abundancia», por así decirlo.

El concepto de «masa» es aún más válido
que el de «plano» para determinar los
valores de claroscuro cuando se aplica
a formas especialmente complejas,
como las manos.

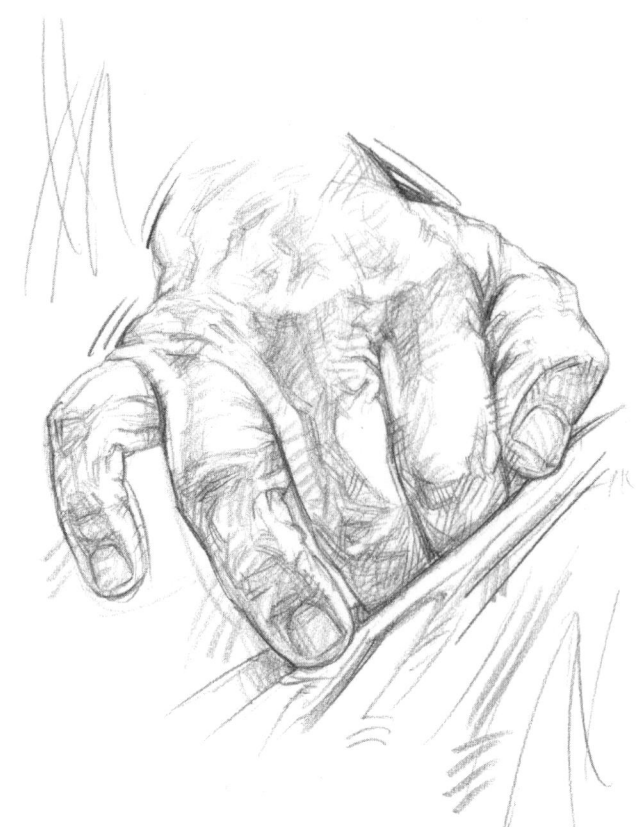

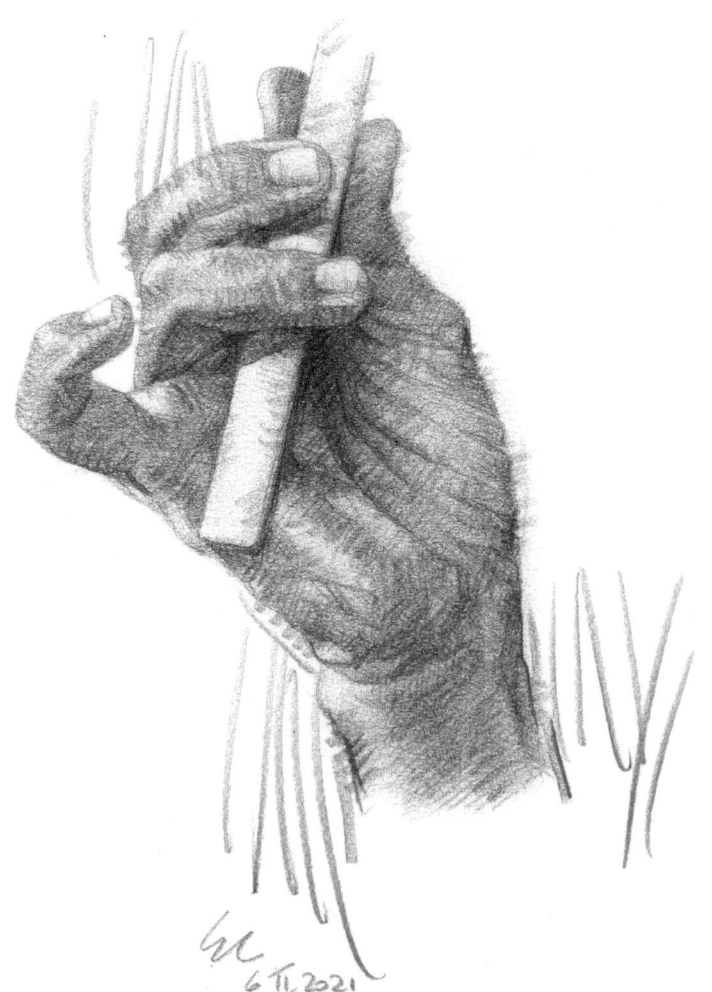

Un principio de taller, en muchas
escuelas de arte de antigua tradición:
«Intenta representar siempre una
acción o un movimiento: las manos
deben expresar alguna emoción y no
permanecer inertes…».

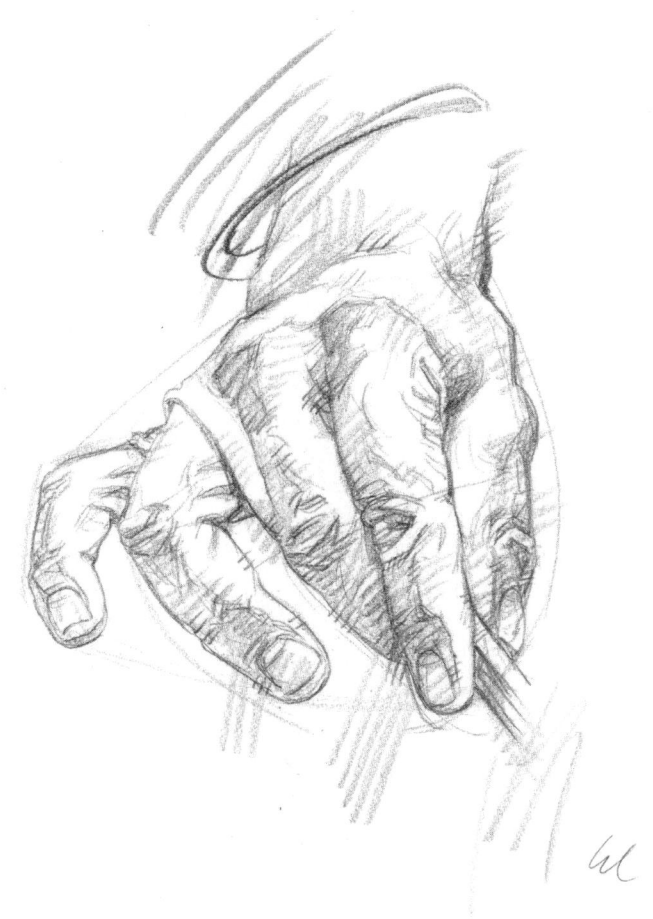

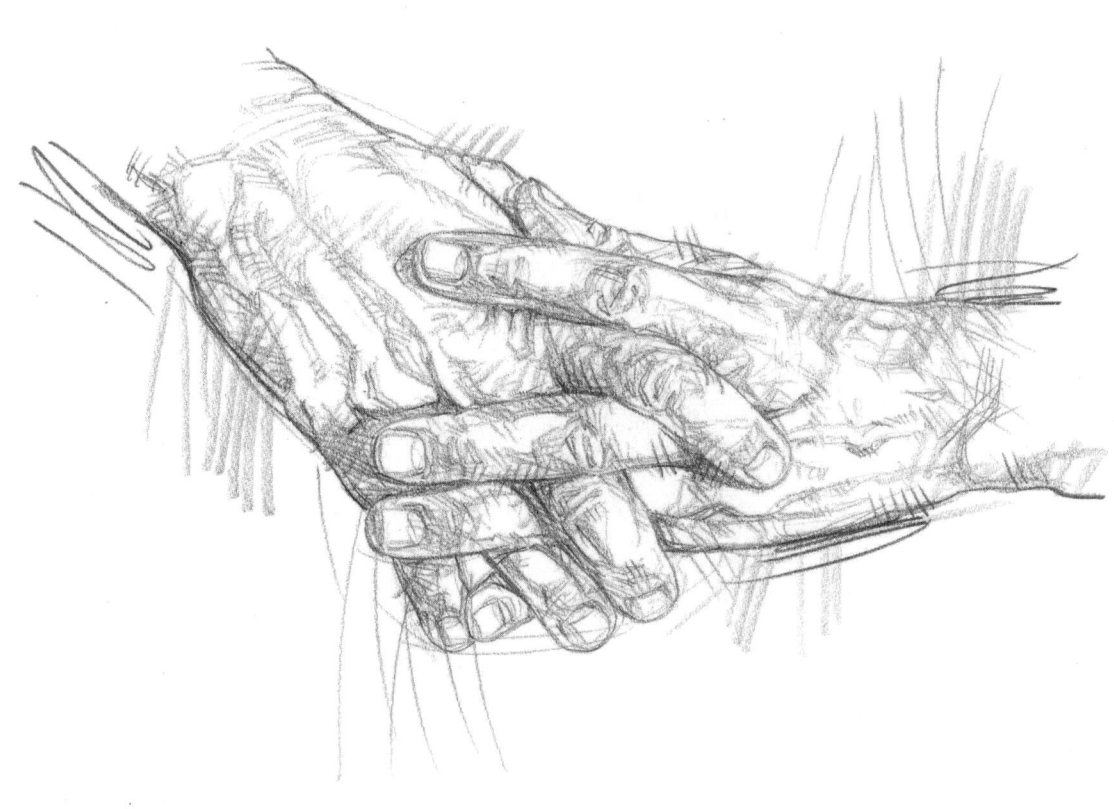

33

La mano presenta toda una serie de planos intrincados. Estos, que convergen para determinar la «masa» de la mano, son adecuados para evitar que los dedos adquieran un aspecto vagamente cilíndrico con escasa consistencia estructural.

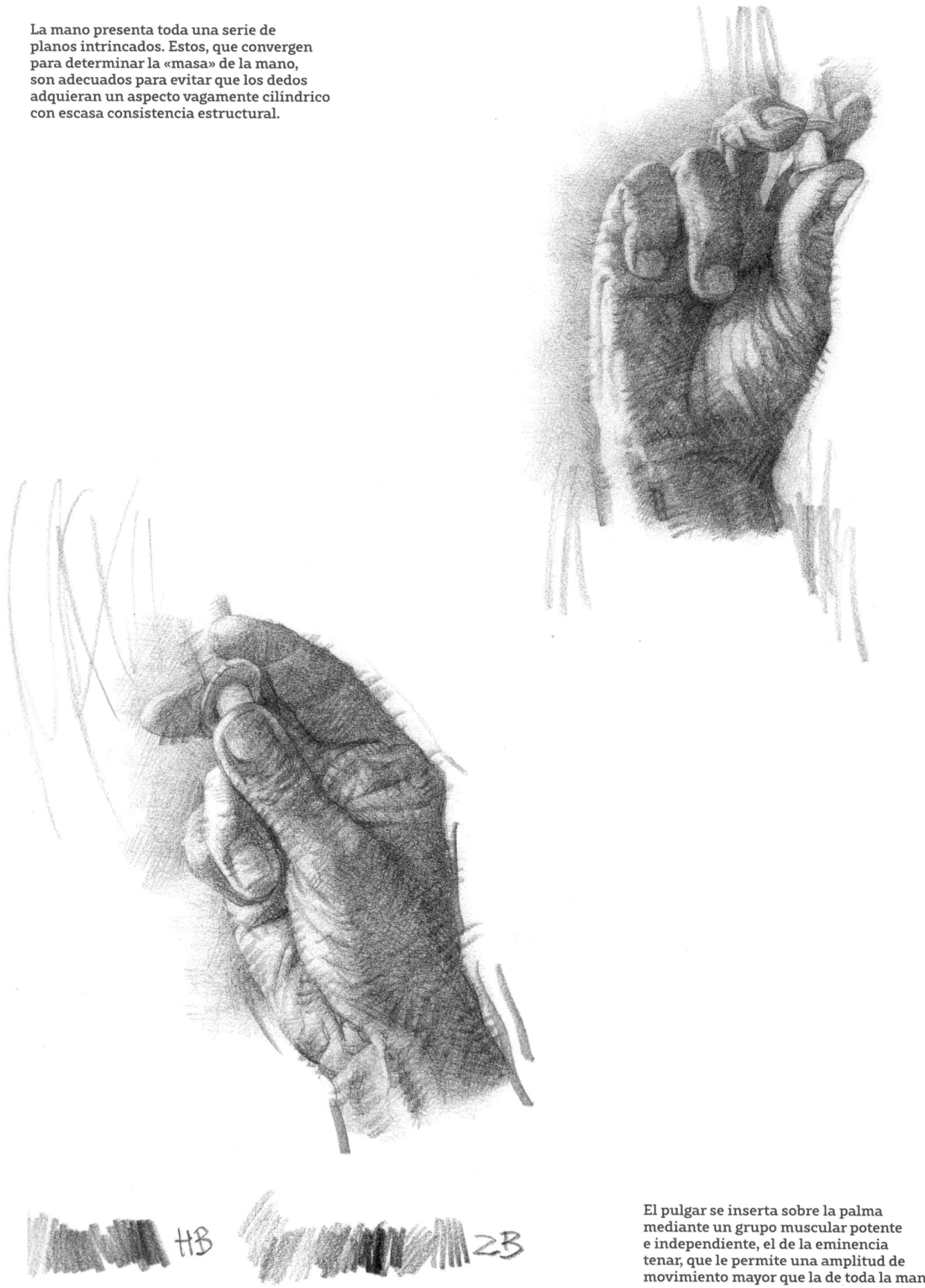

HB   2B

El pulgar se inserta sobre la palma mediante un grupo muscular potente e independiente, el de la eminencia tenar, que le permite una amplitud de movimiento mayor que la de toda la mano.

El pulgar está situado en el lateral de la mano y tiene una orientación de rotación particular: esto se aprecia en la uña, cuyo plano es ortogonal al de los demás dedos.

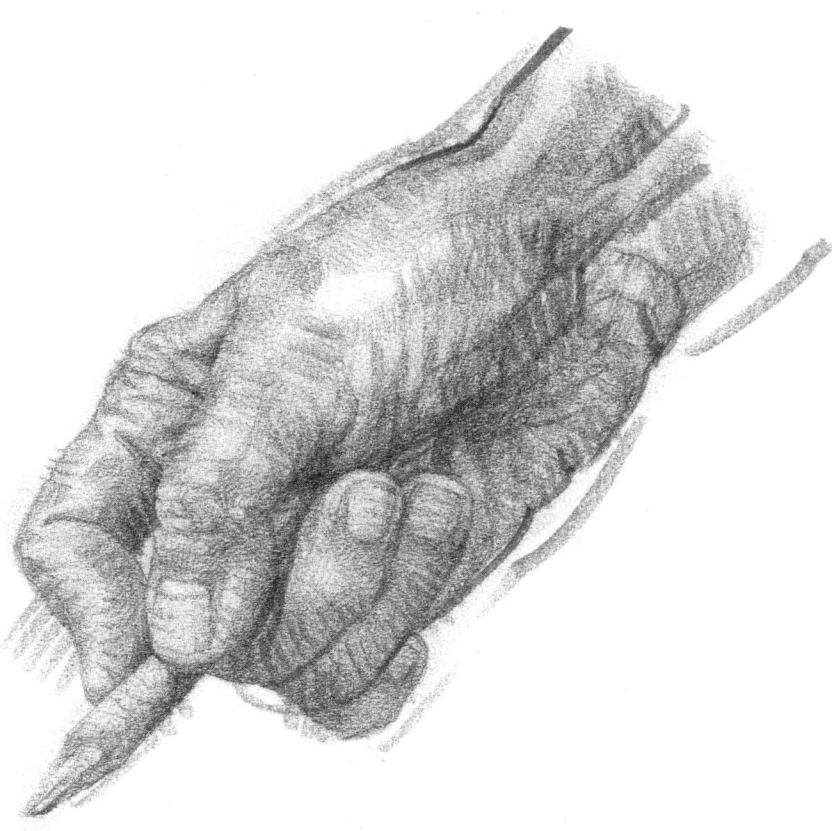

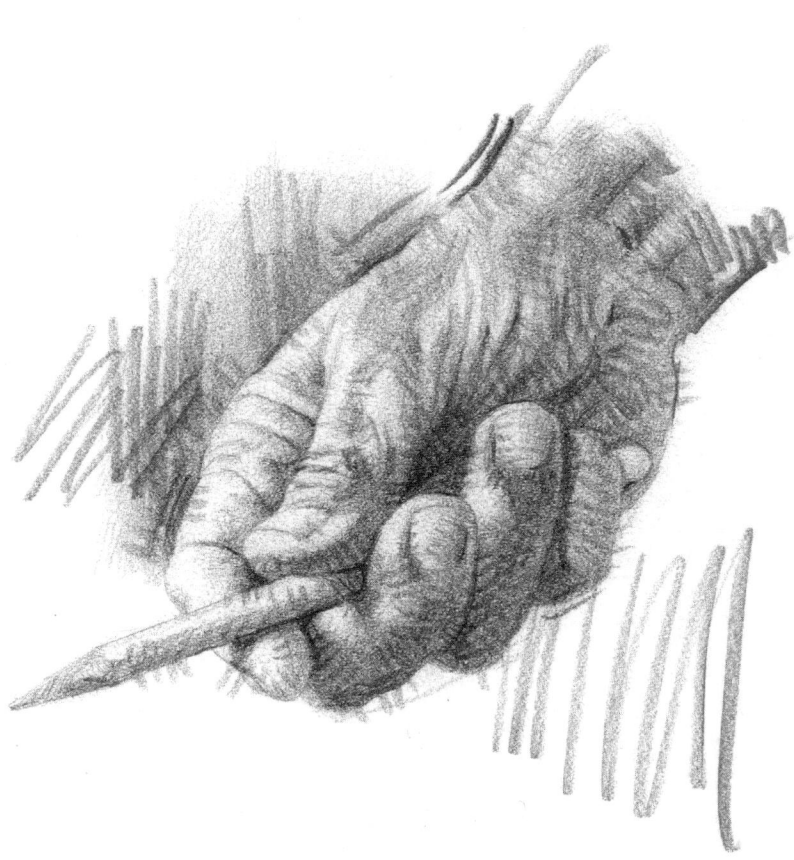

35

En la cara dorsal de las articulaciones interfalángicas, cuando los dedos están flexionados, la estructura ósea subyacente es muy evidente y sobresaliente, pero con los dedos extendidos tiene poco relieve y queda enmascarada por los pliegues cutáneos.

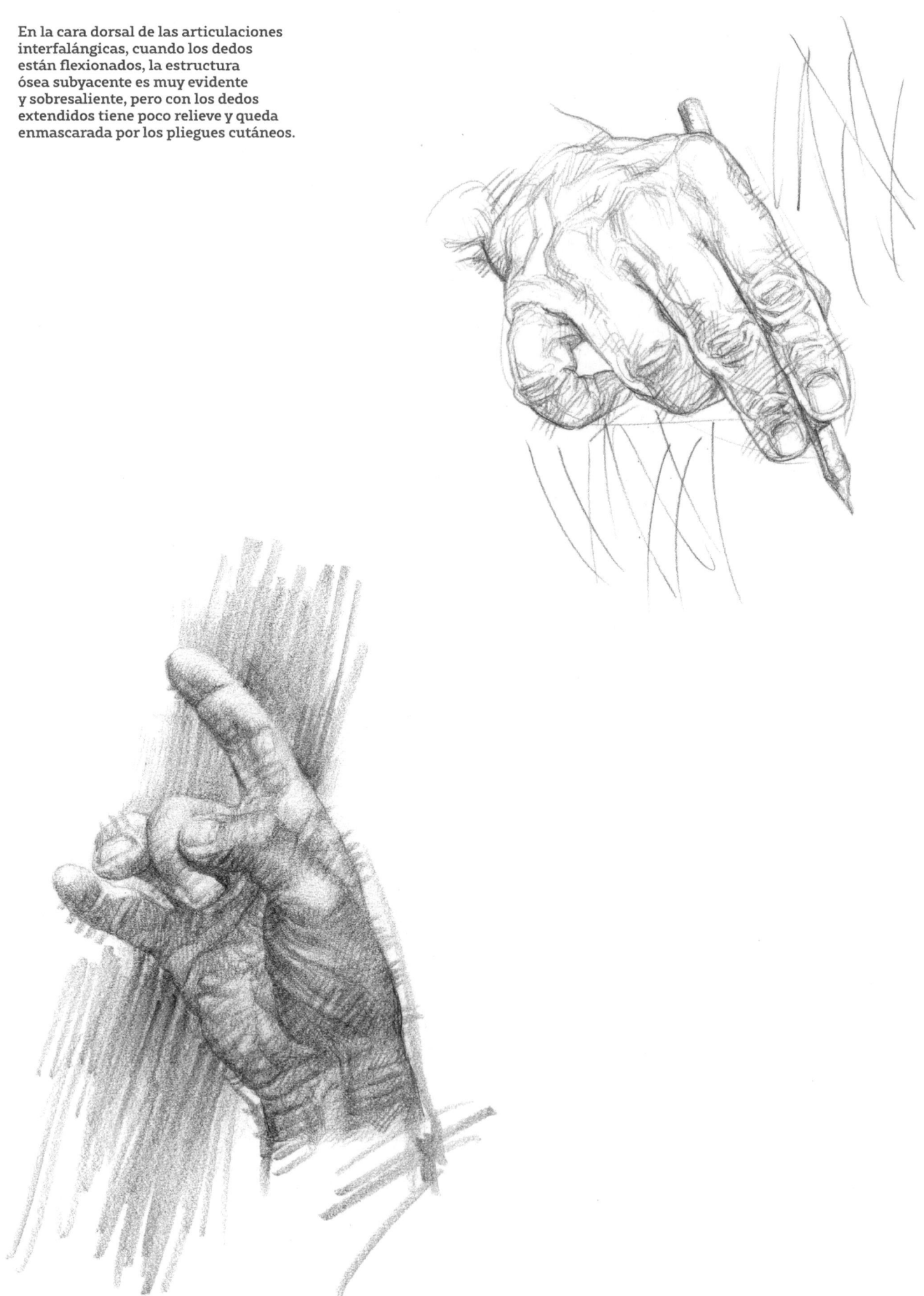

36

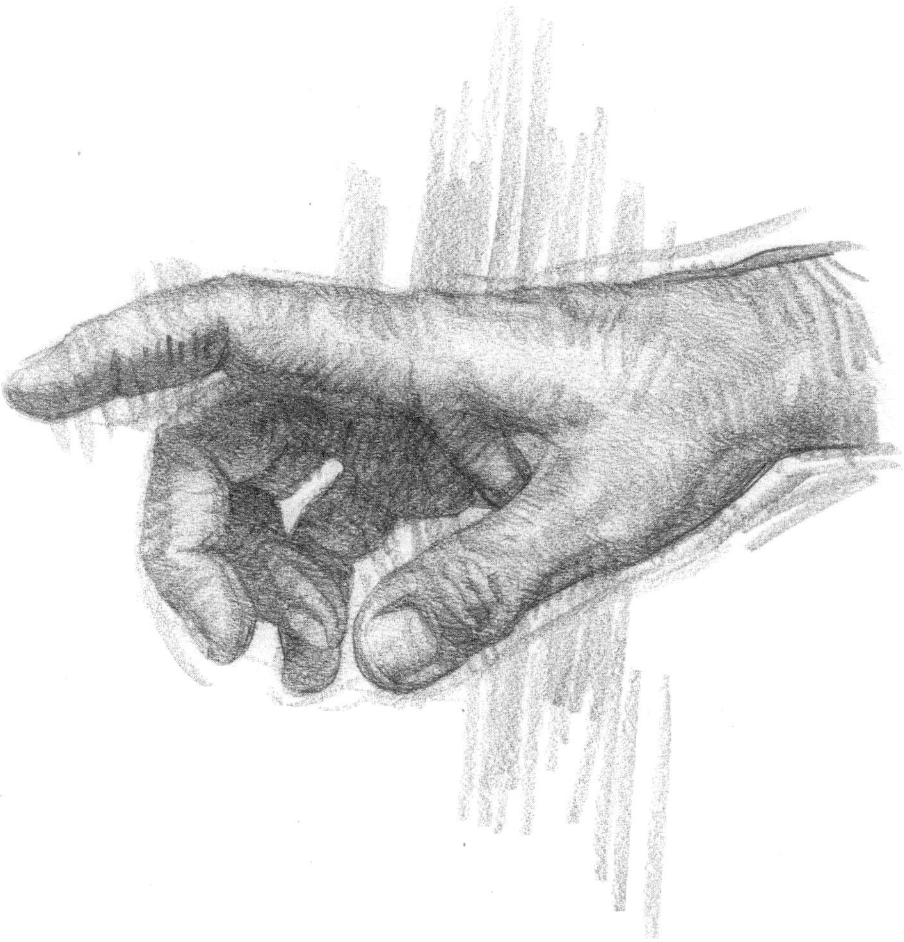

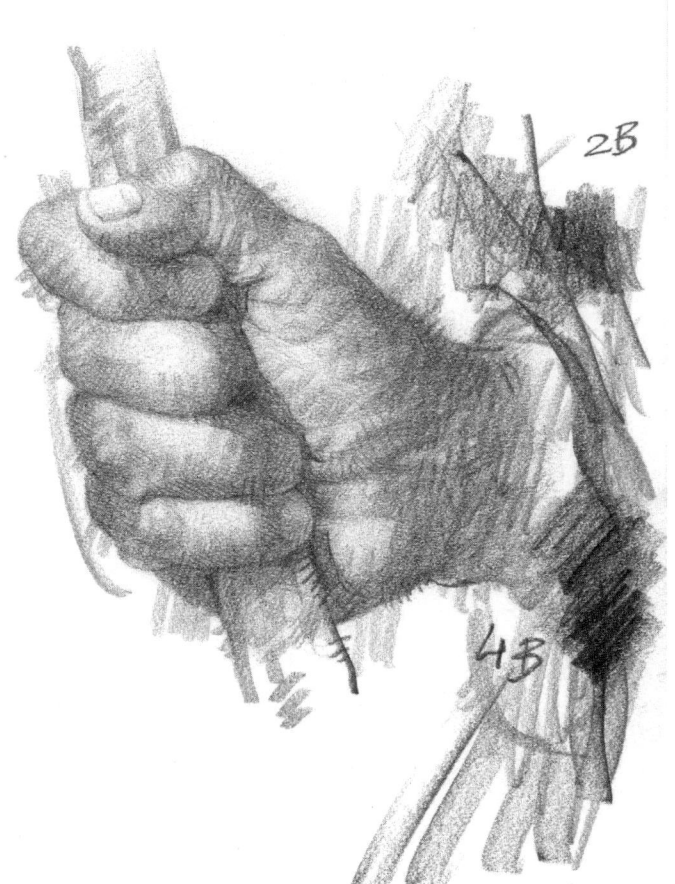

2B

4B

Las pocas líneas esenciales y básicas que sugieren la conformación contingente, el sentido de la acción y el soporte estructural de una mano, son también una valiosa indicación preliminar para analizar los distintos «planos tonales».

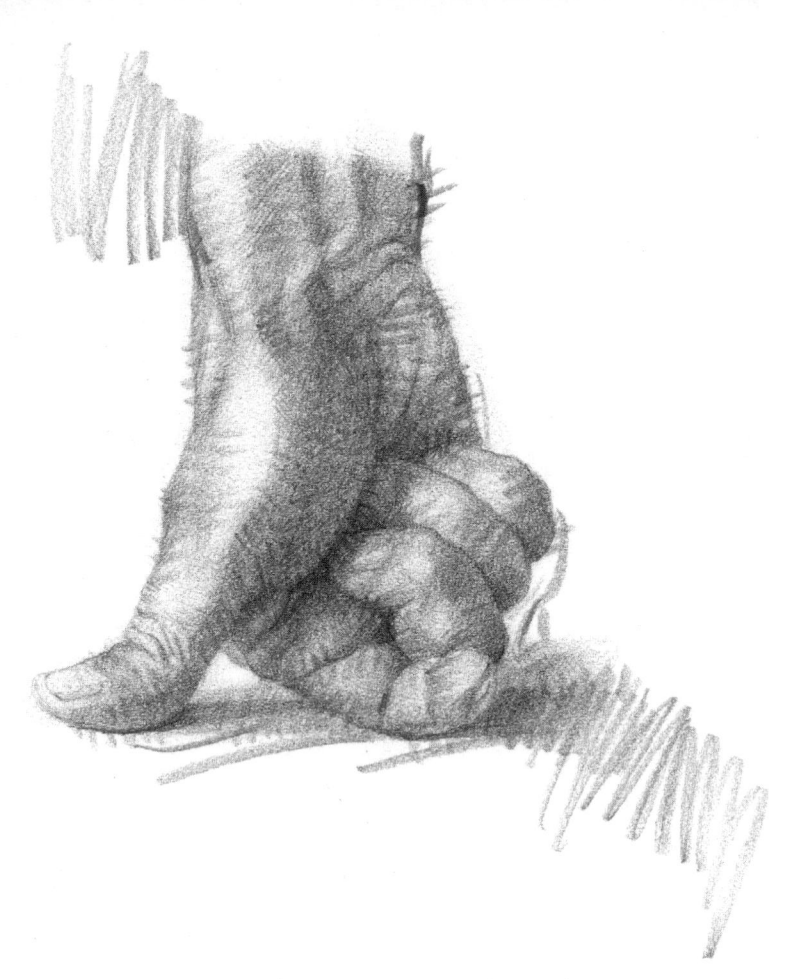

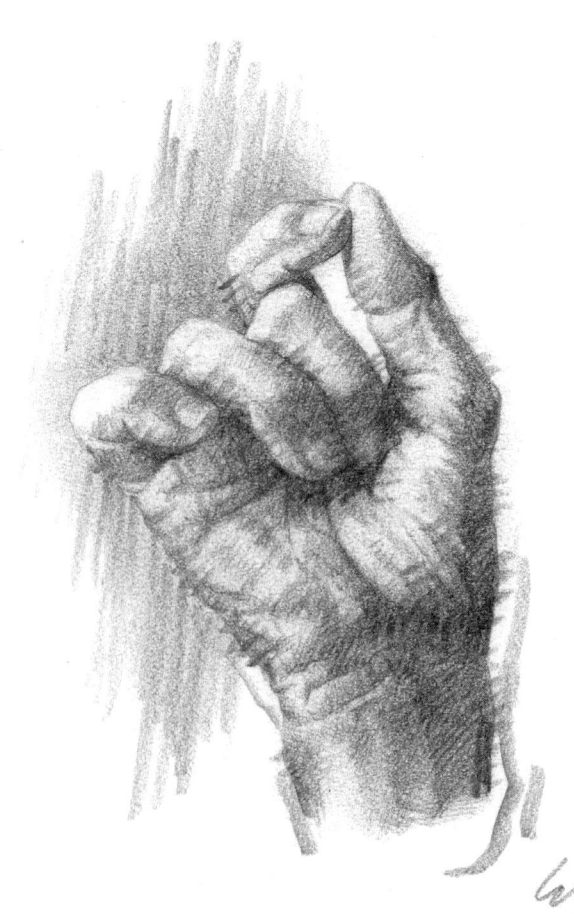

38

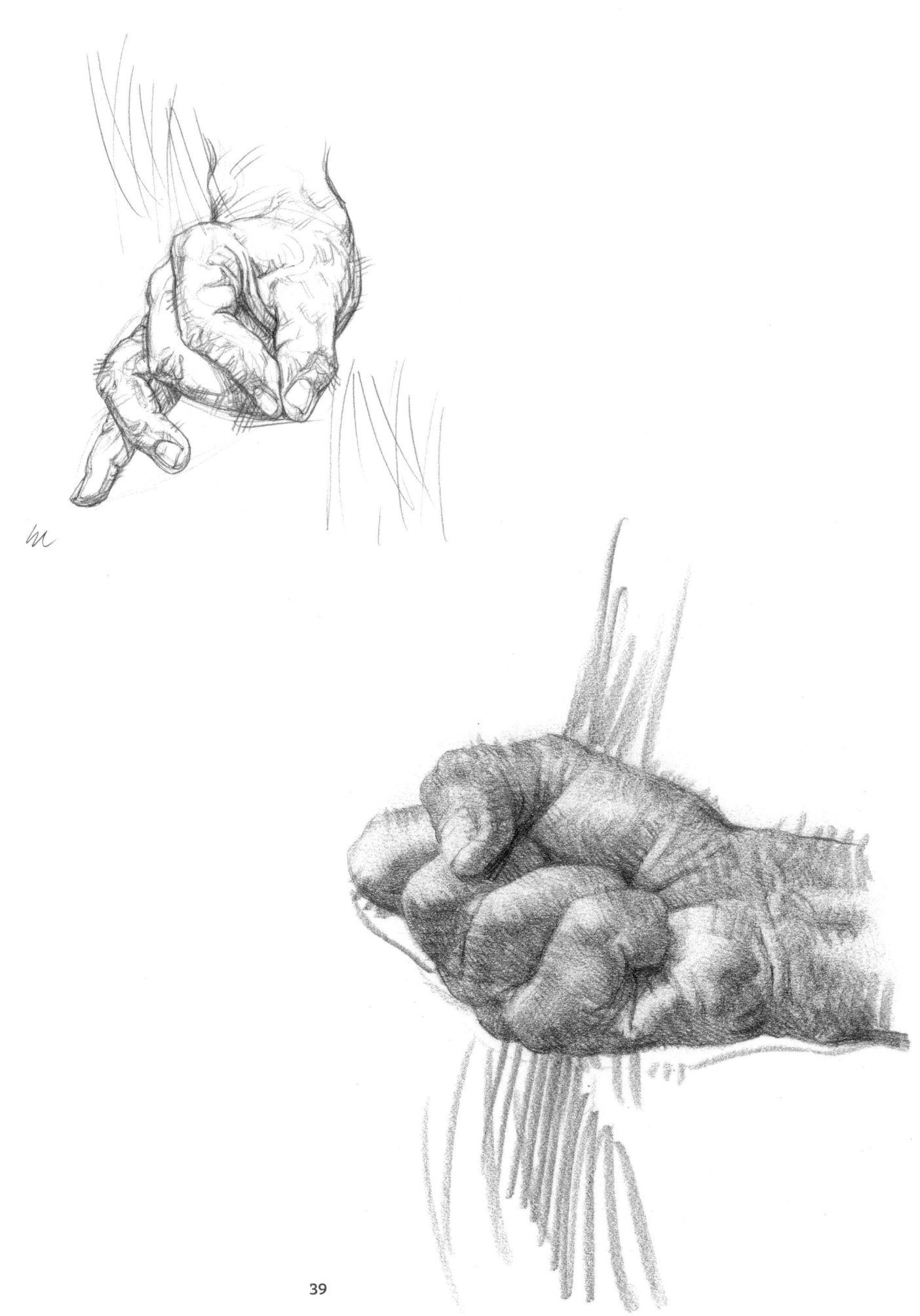

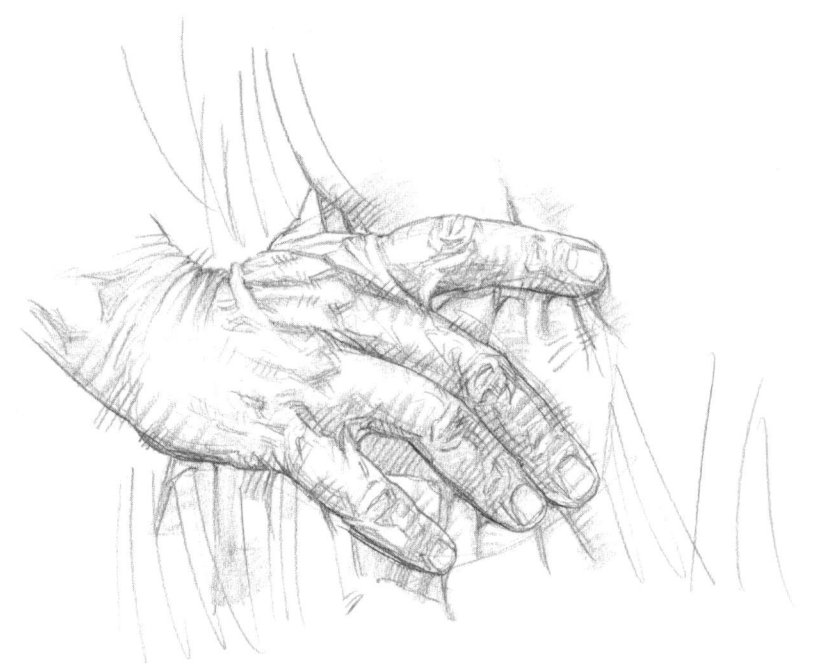

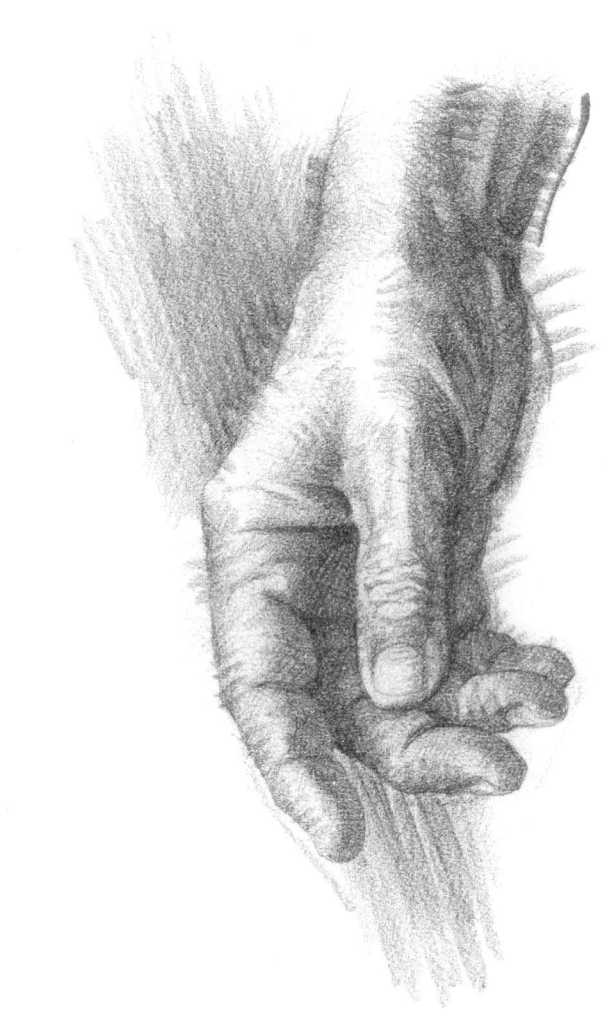

Los dedos tienen diferentes longitudes, tanto relativas como debidas a la línea curva de las articulaciones de los metacarpianos: cuando la mano cuelga relajada, en reposo, tienden a permanecer ligeramente flexionados.

Sobre todo en el siglo XIX, era habitual la práctica de hacer moldes de escayola de una o ambas manos de personajes famosos o, en todo caso, notables en cualquier campo de la actividad humana. Las motivaciones eran de lo más variado: admirativas, afectivas, históricas, documentales, etc., o, más comúnmente, para servir de modelo «estático», de gesto y forma, para ejercicios de dibujo en los estudios académicos de las escuelas de arte. Este dibujo recuerda una de las poses más comunes.

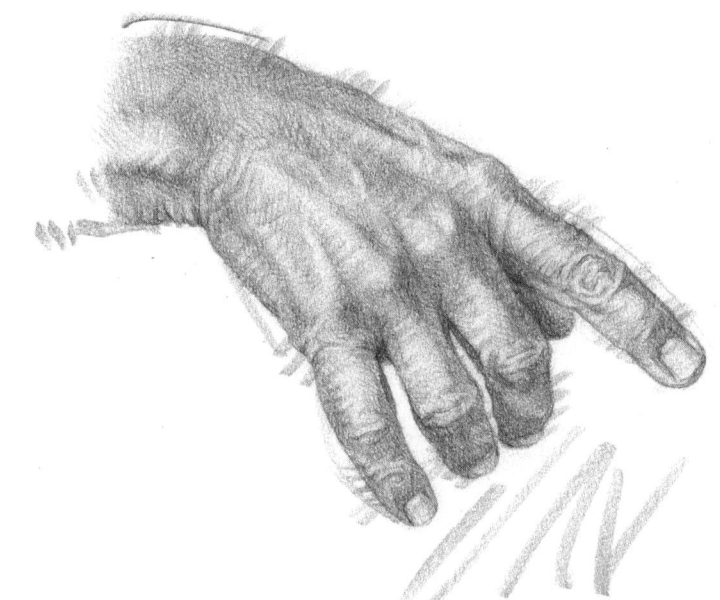

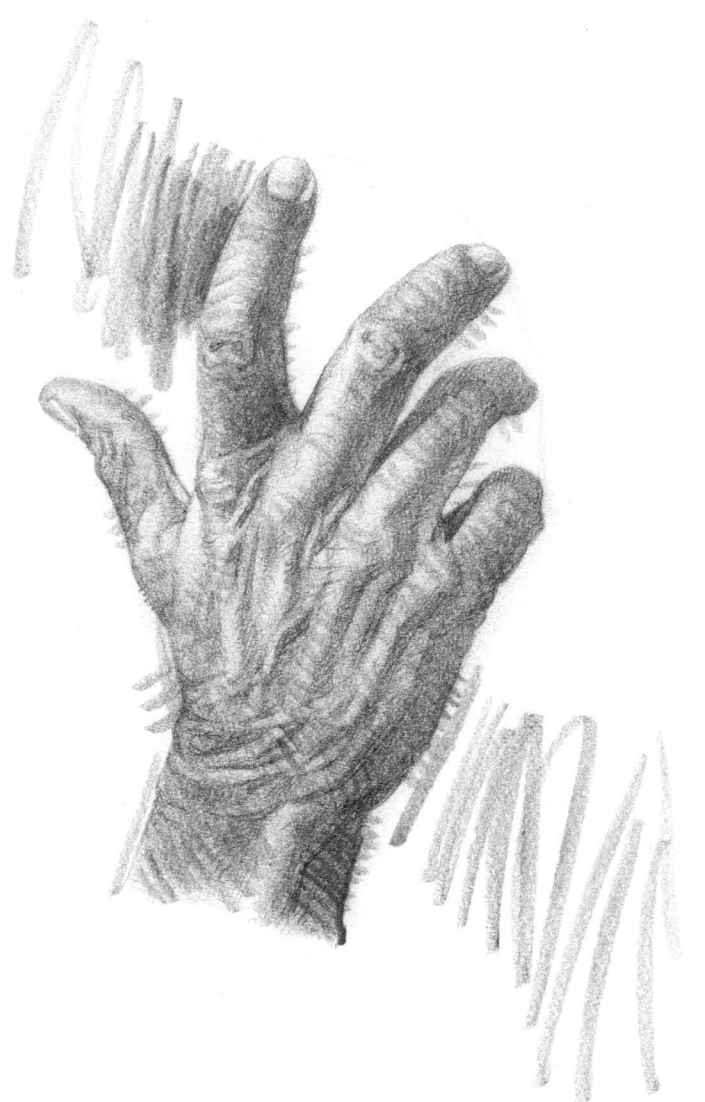

Las mejores acciones de la mano se originan de forma espontánea o casual: cuando aparece una intención expresiva, el gesto puede resultar alterado e insignificante. Por otra parte, el estudio del natural requiere que la mano se coloque de una determinada manera y que mantenga la pose durante un tiempo determinado. Se podría recurrir a la fotografía, pero es preferible entrenarse en la observación del gesto repetido: si ciertas acciones de la mano no se repiten en la realidad, cierta acentuación de la forma y un cierto grado de énfasis expresivo pueden ayudar a que la representación gráfica resulte convincente.

41

La palma de la mano es cóncava y está formada por dos grupos de músculos y la zona correspondiente a las articulaciones en la base de los dedos. Son cosas que ya sabemos y hemos repetido en muchas ocasiones, pero ¡hay que tenerlas siempre presentes! La profundidad del hueco se acentúa con la flexión del pulgar y de los demás dedos. Así se forman también las características líneas de flexión.

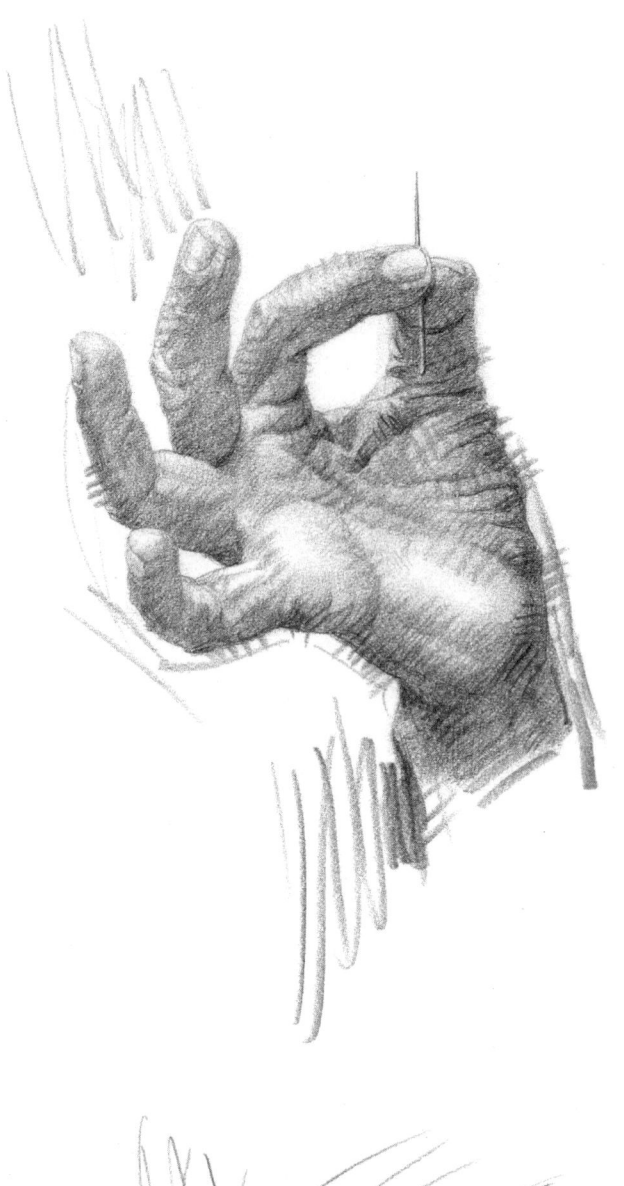

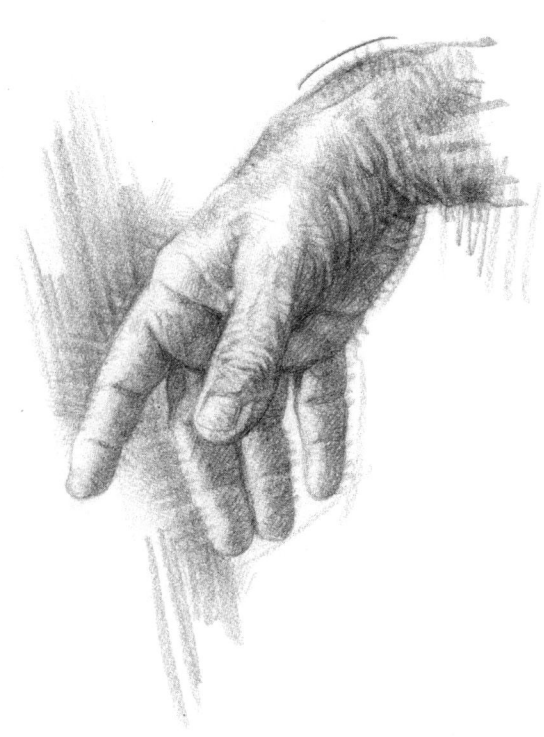

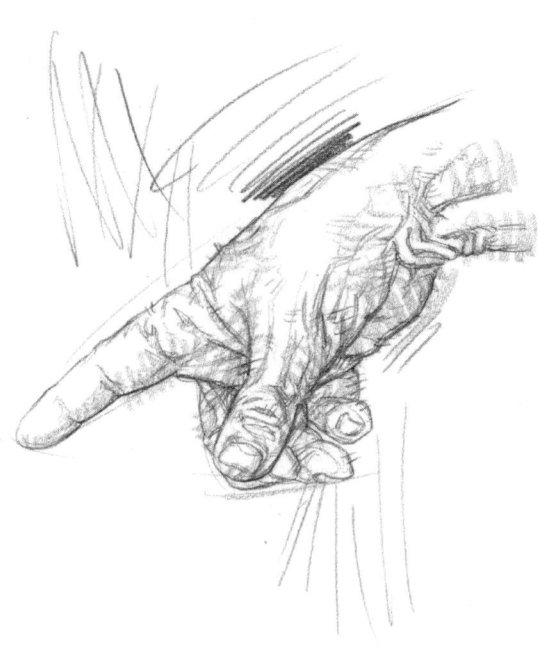

El dedo índice se extiende en el acto de señalar, mientras el pulgar puede extenderse lateralmente o doblarse un poco sobre los otros dedos. Este es también un gesto típico y tierno en los bebés y en la primera infancia.

42

Escorzo: casi todas las posturas de la mano
implican una visión en profundidad, es
decir, perspectiva. En estos casos, puede
resultar eficaz utilizar variaciones tonales
insertas en una construcción lineal sólida
de la estructura.

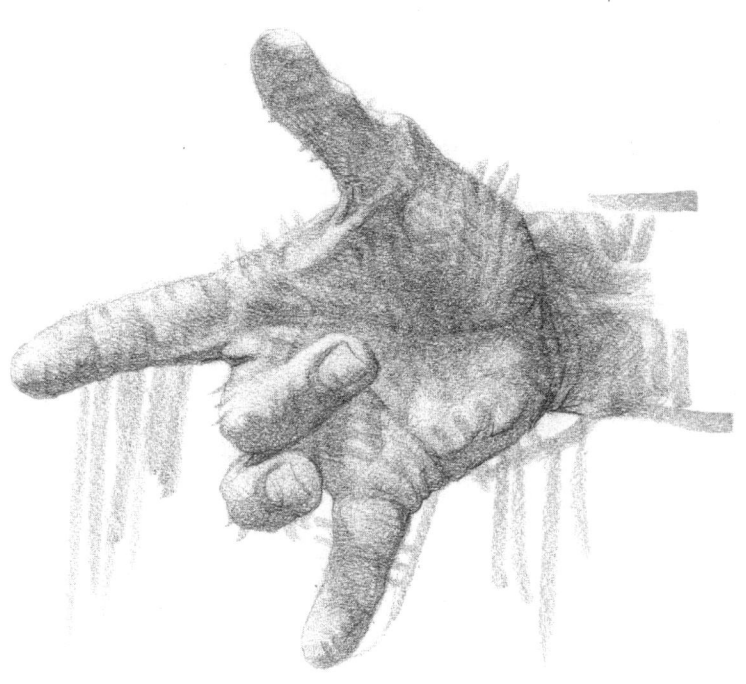

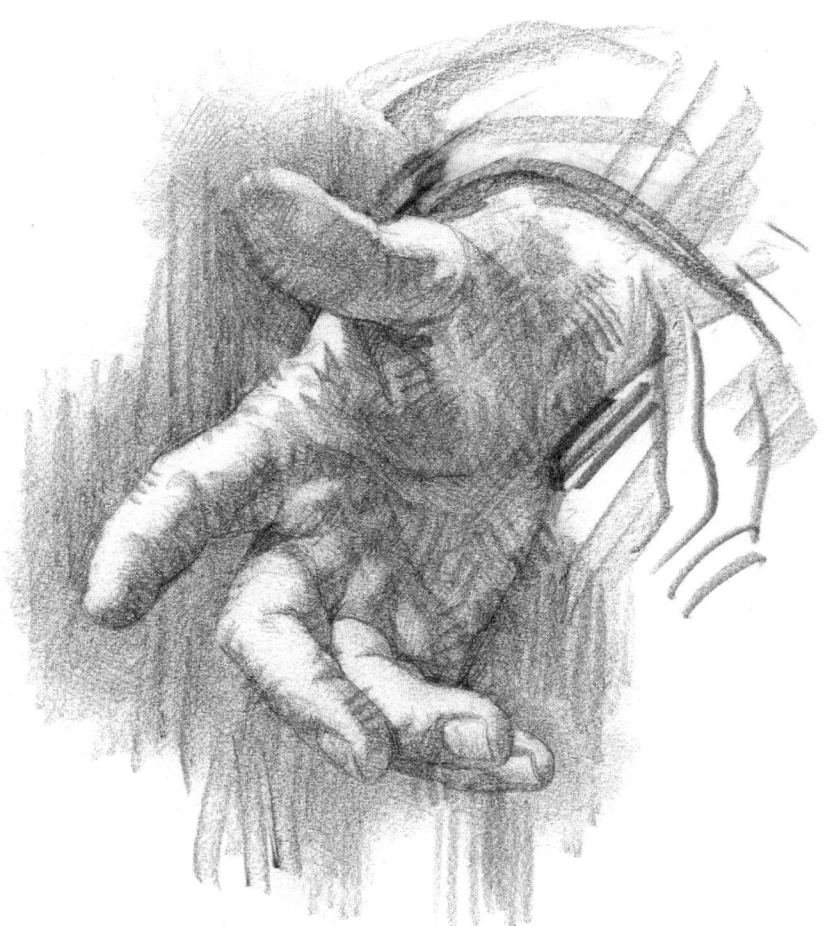

La conformación elíptica o cuadrangular
de las uñas de una mano masculina
ayuda a definir el escorzo en perspectiva
de los dedos, tanto individualmente como
en su relación espacial recíproca.

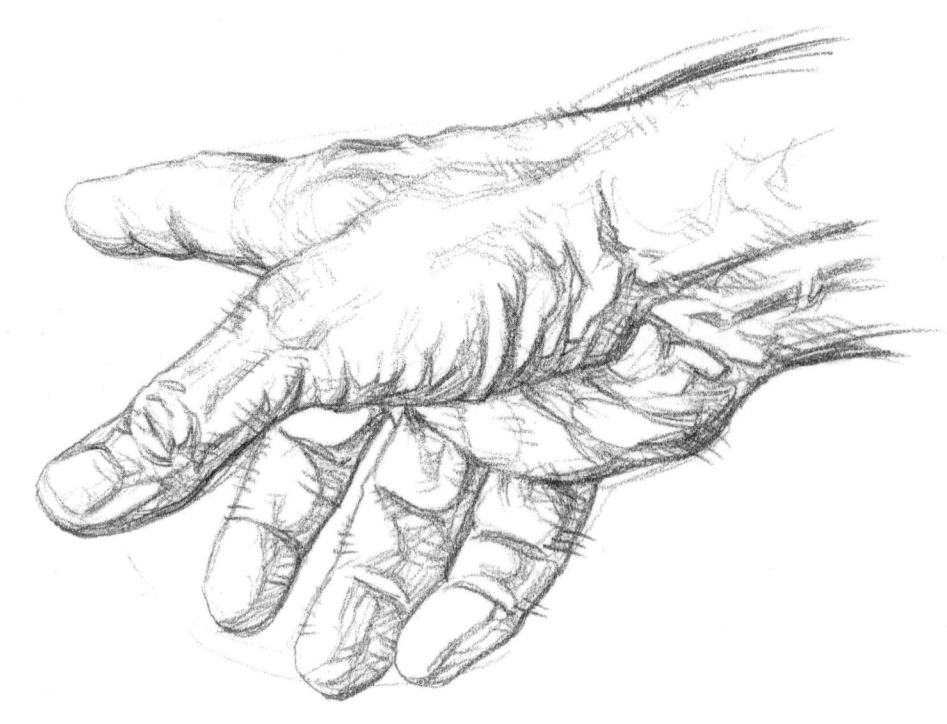

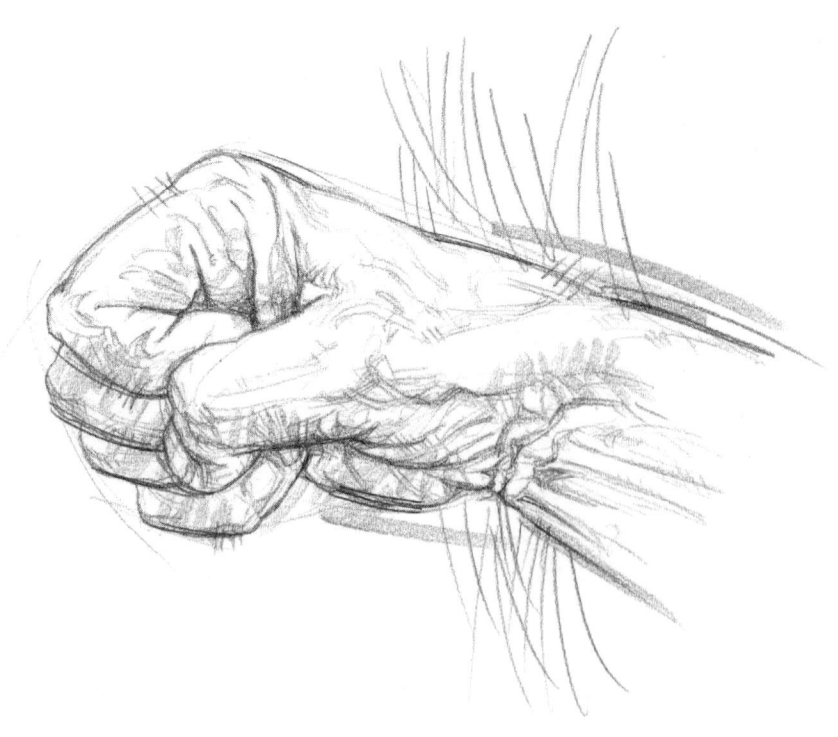

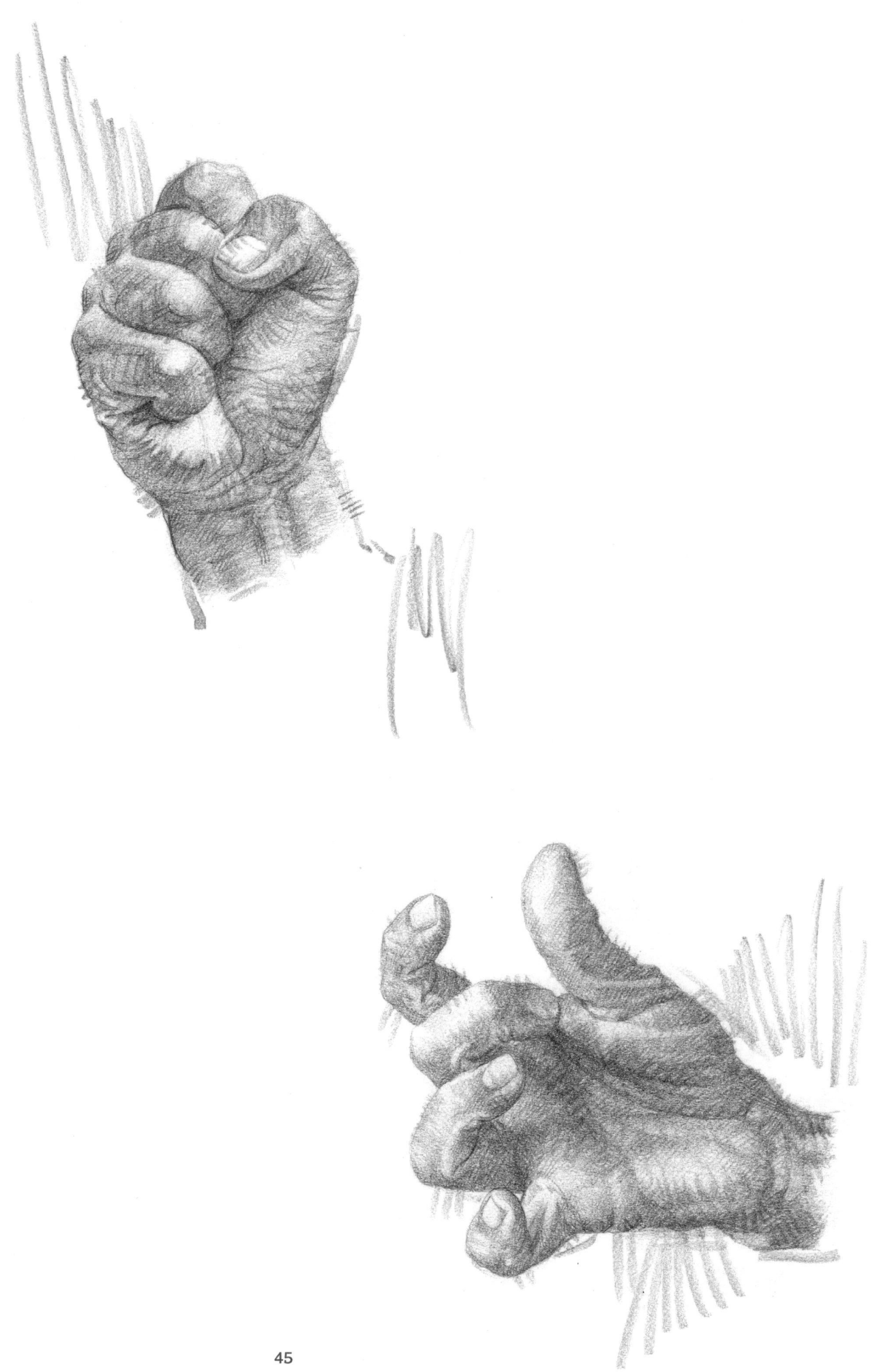

Manos femeninas

La mano femenina presenta ciertas
características morfológicas típicas que
la distinguen de la masculina. No tanto
en la estructura «constructiva», sino en
la delicadeza de ciertos aspectos, como
por ejemplo: tamaño pequeño, con cara
palmar ancha; dedos finos y estilizados;
uñas estrechas y elípticas; pulgar
pequeño; epidermis fina y lisa, etc.

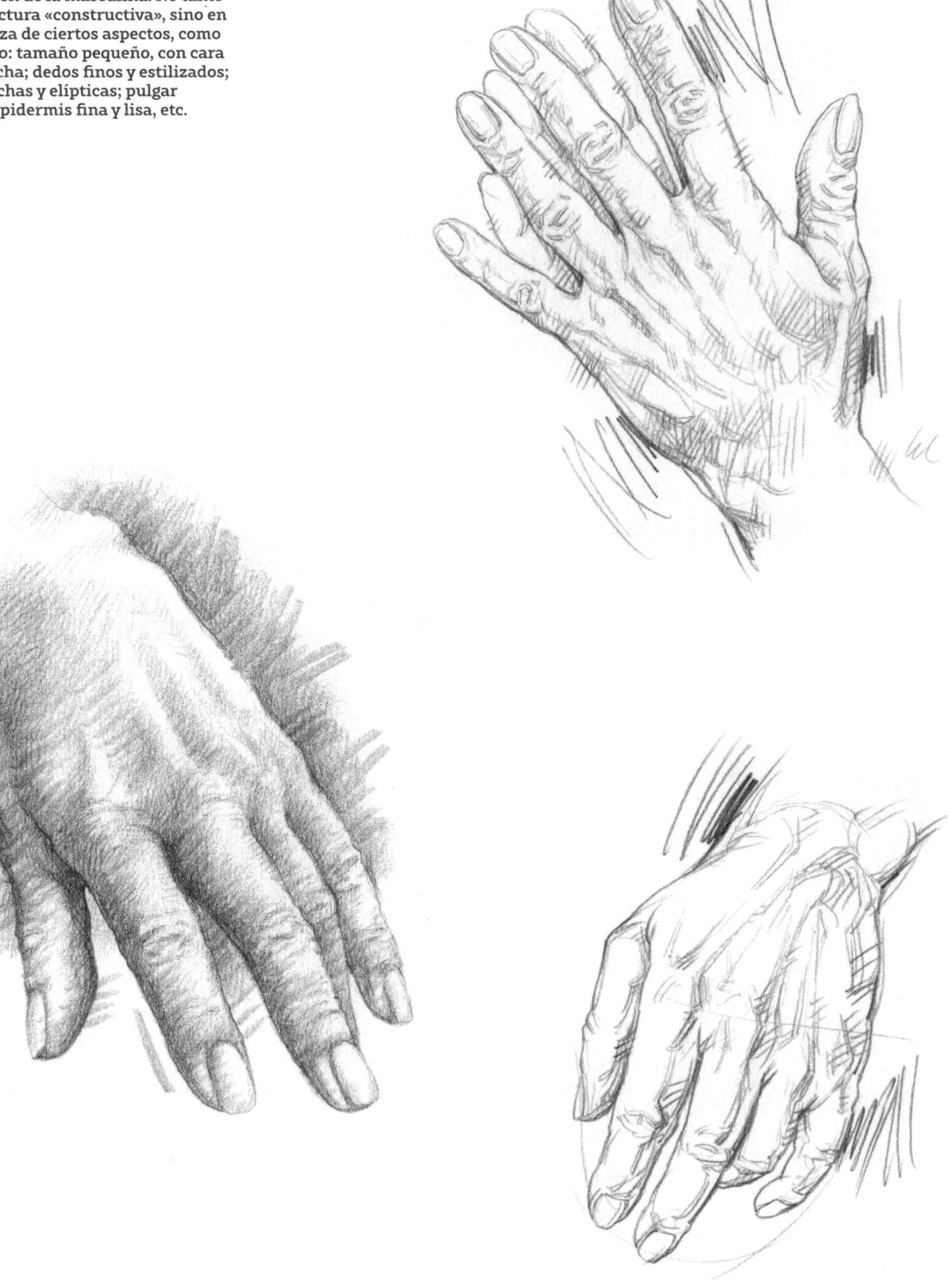

46

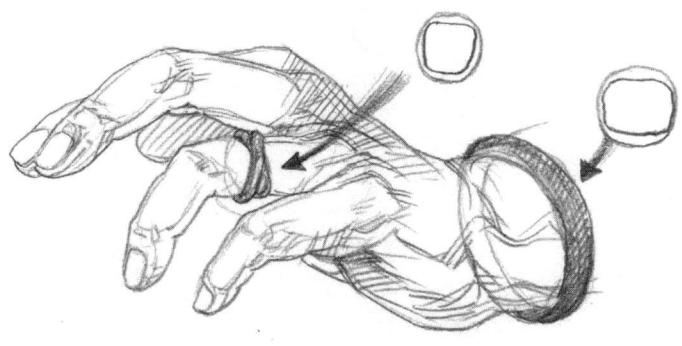

La presencia de joyas o elementos decorativos (anillos, pulseras, cadenas, etc.) contribuye a reforzar el aspecto volumétrico y casi cilíndrico de los dedos, la muñeca o el antebrazo. Siempre hay que prestar especial atención a la forma del objeto, a la manera en que se asienta sobre las formas anatómicas, para percibir, casi en «transparencia», el recorrido de las partes «ocultas».

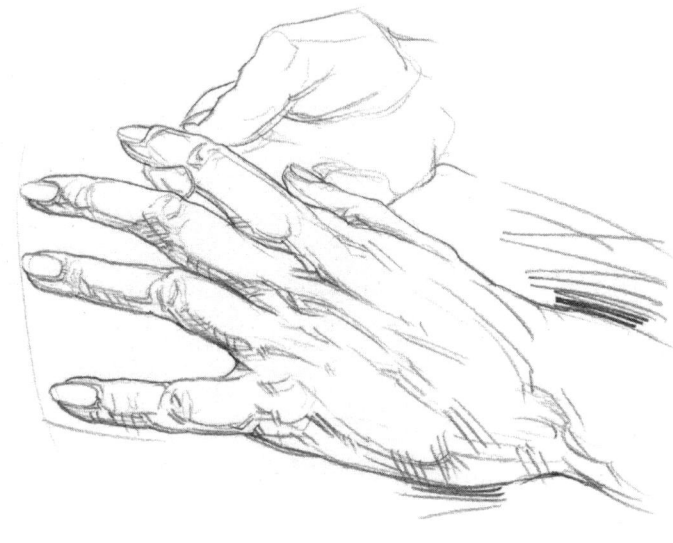

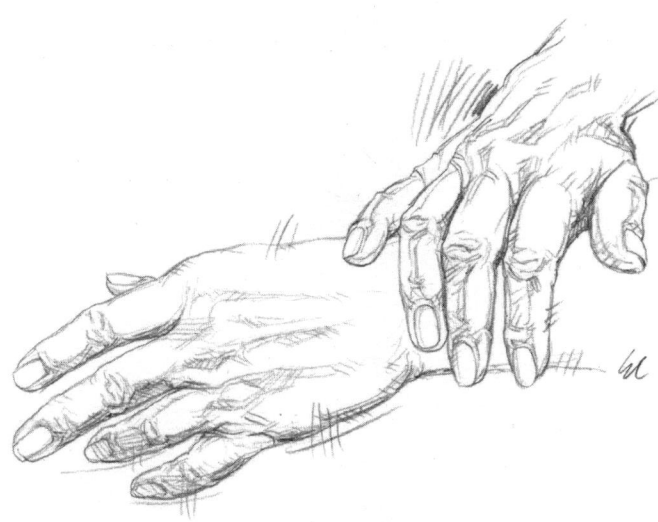

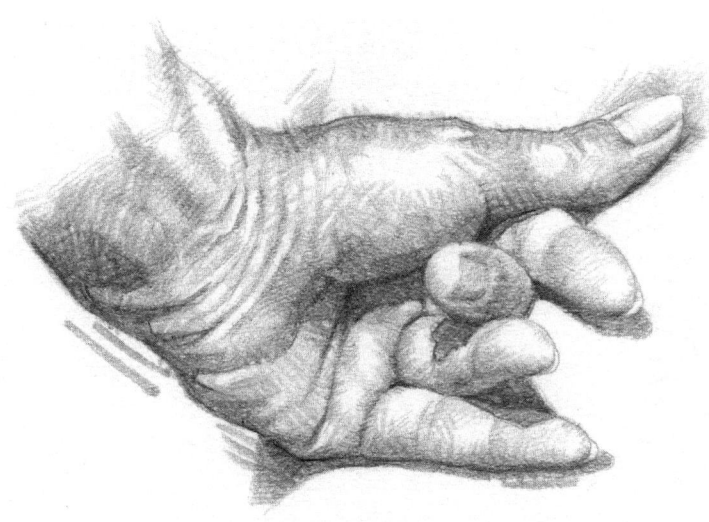

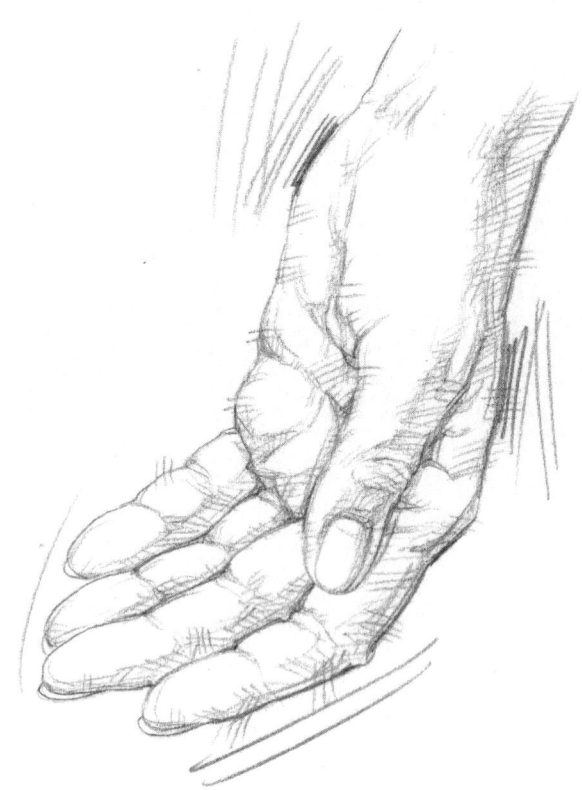

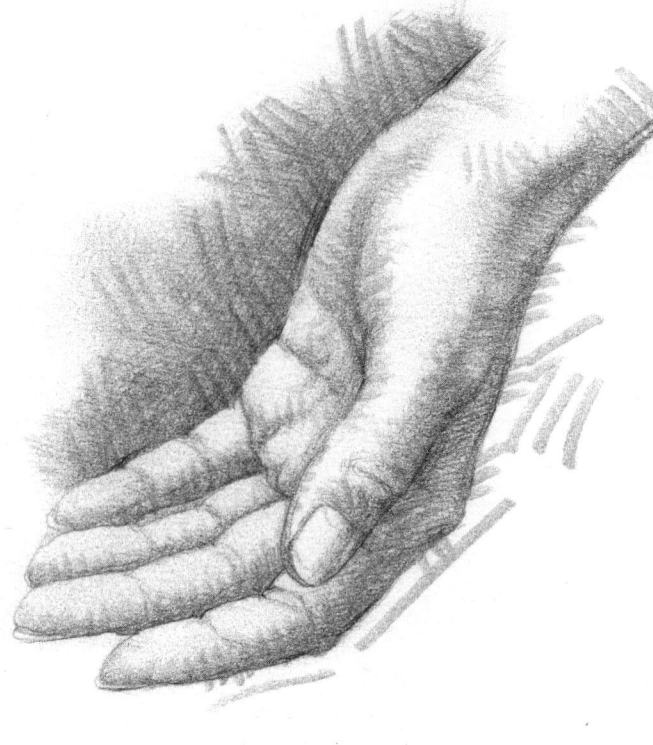

Versión lineal

Versión tonal

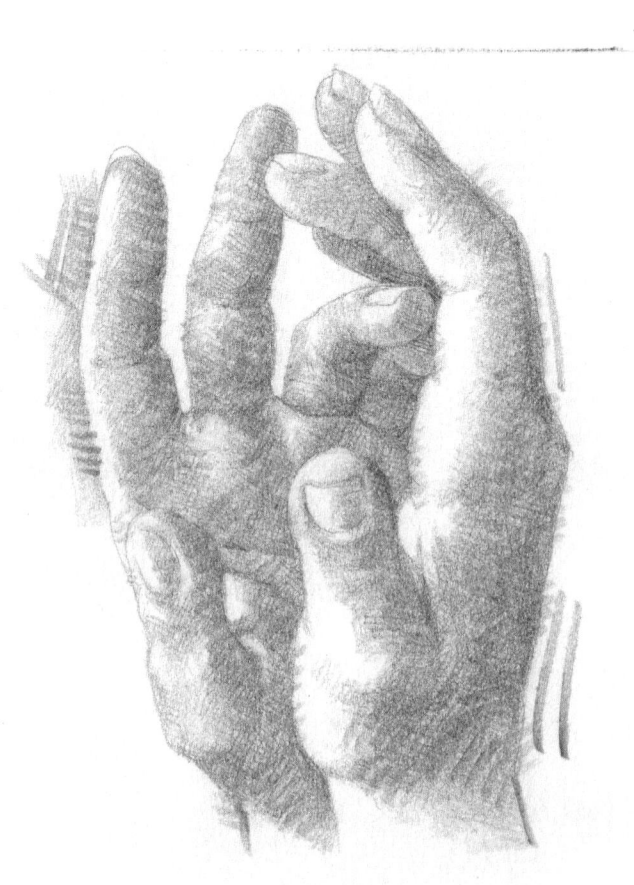

Una vez más, y especialmente cuando
se retratan manos femeninas, el dibujo
preciso de las uñas es muy importante
para indicar la perspectiva de los dedos
y su orientación en el espacio.

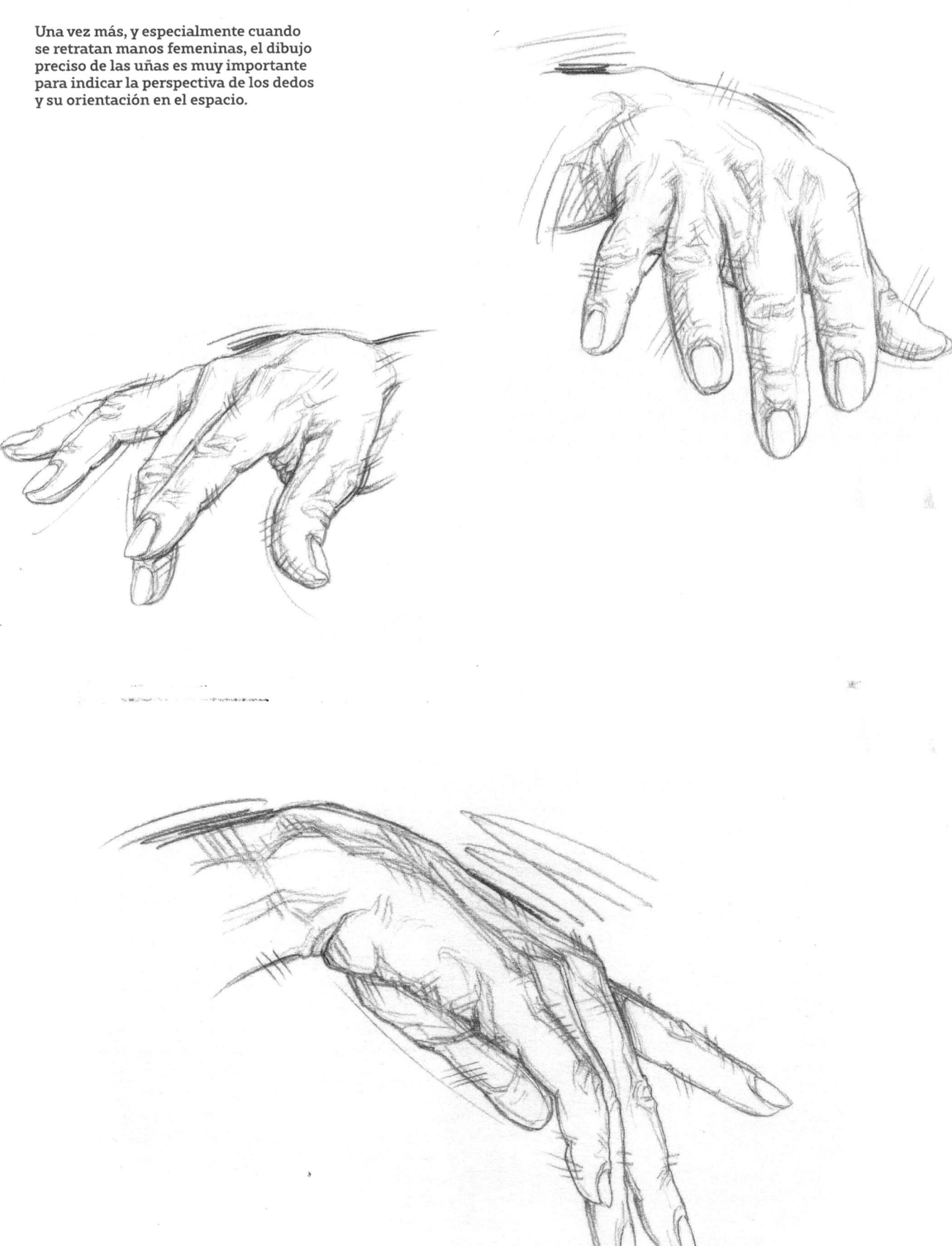

La anchura de la muñeca es
aproximadamente el doble de su grosor.

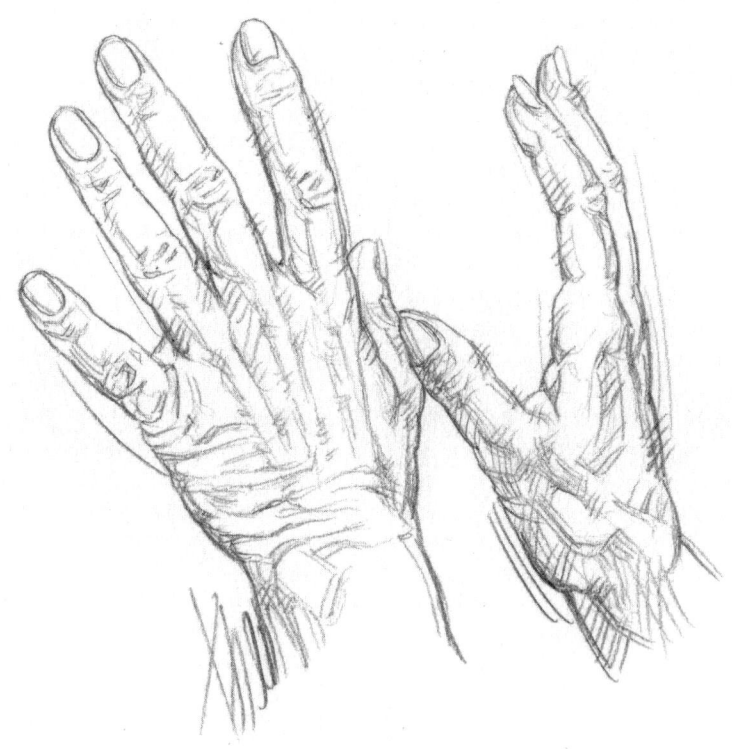

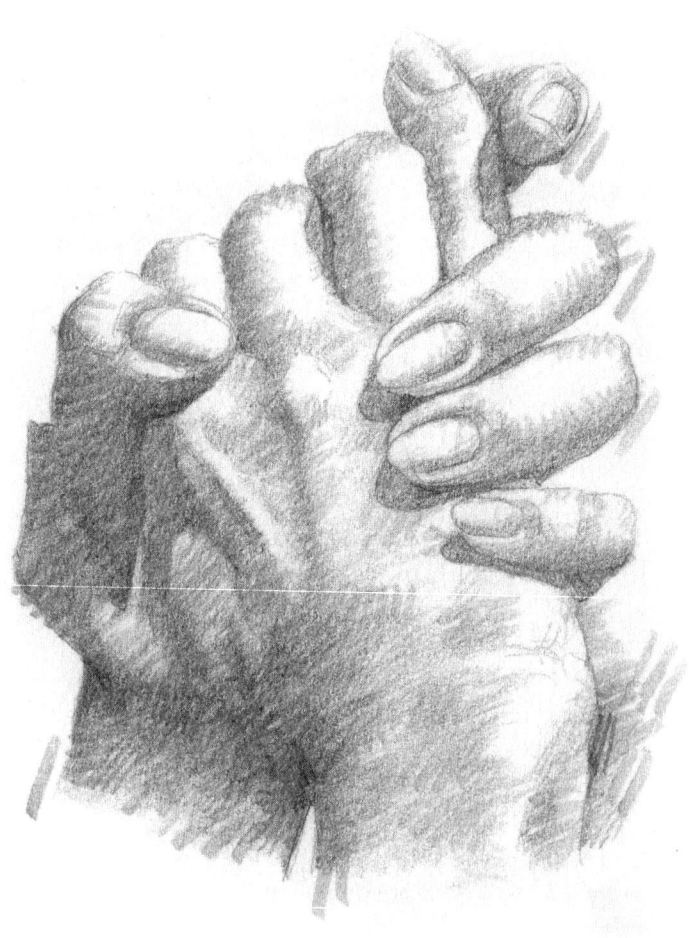

Las manos se unen en el «gesto» y en
la acción: una refuerza y complementa
a la otra en una puesta en común, una
solidaridad muy expresiva y efectiva.

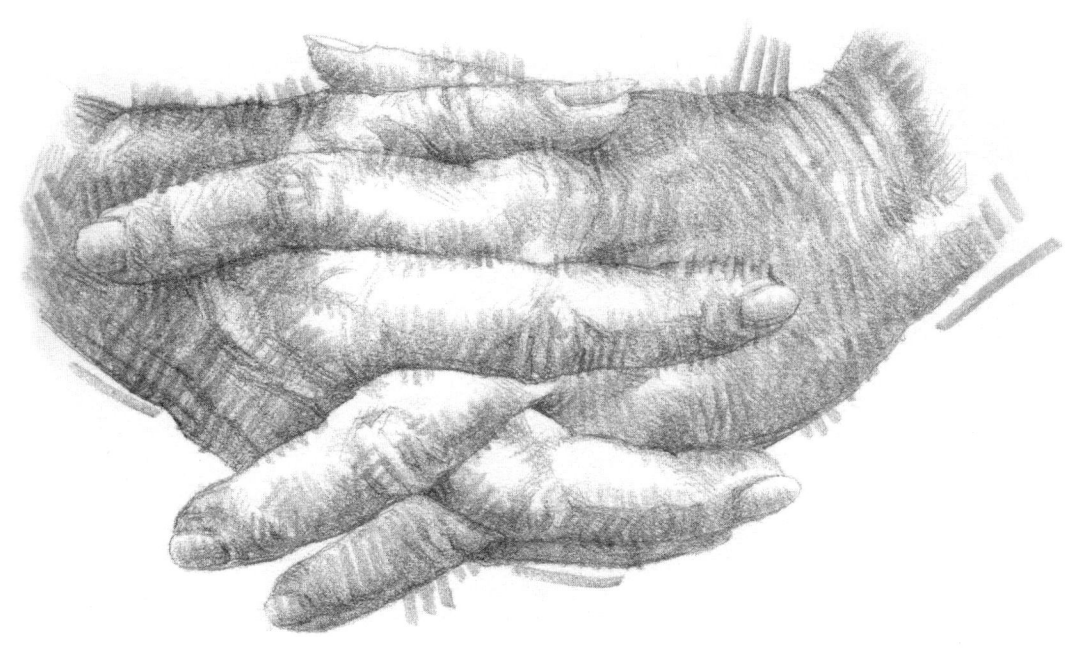

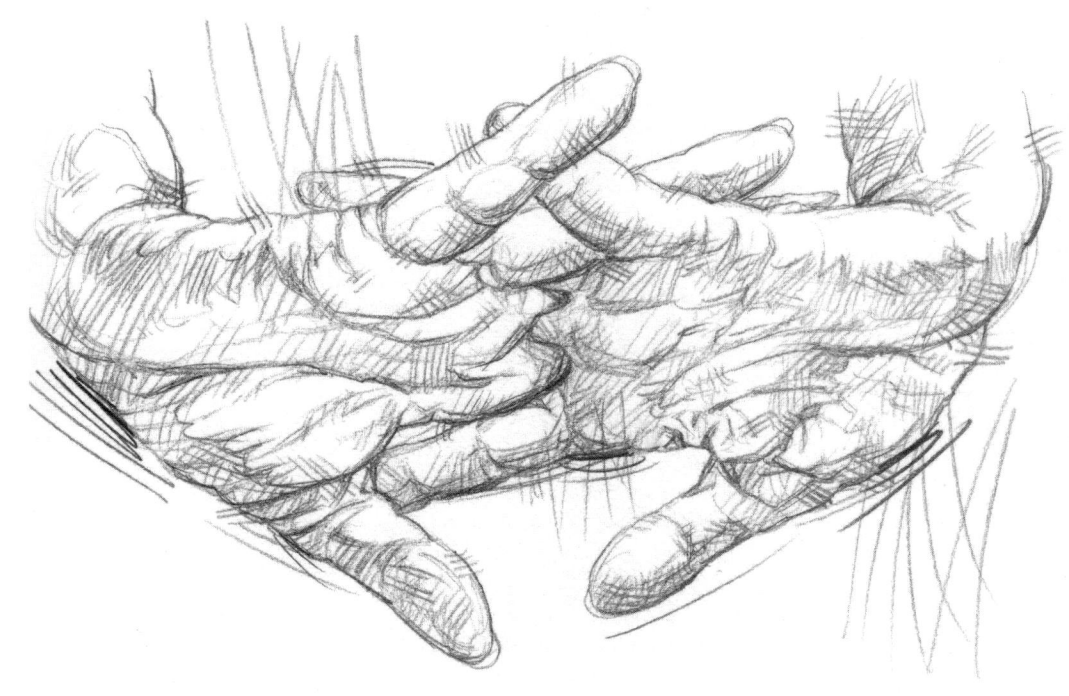

La anatomía explica cómo las
estructuras determinan la apariencia
de las formas superficiales.

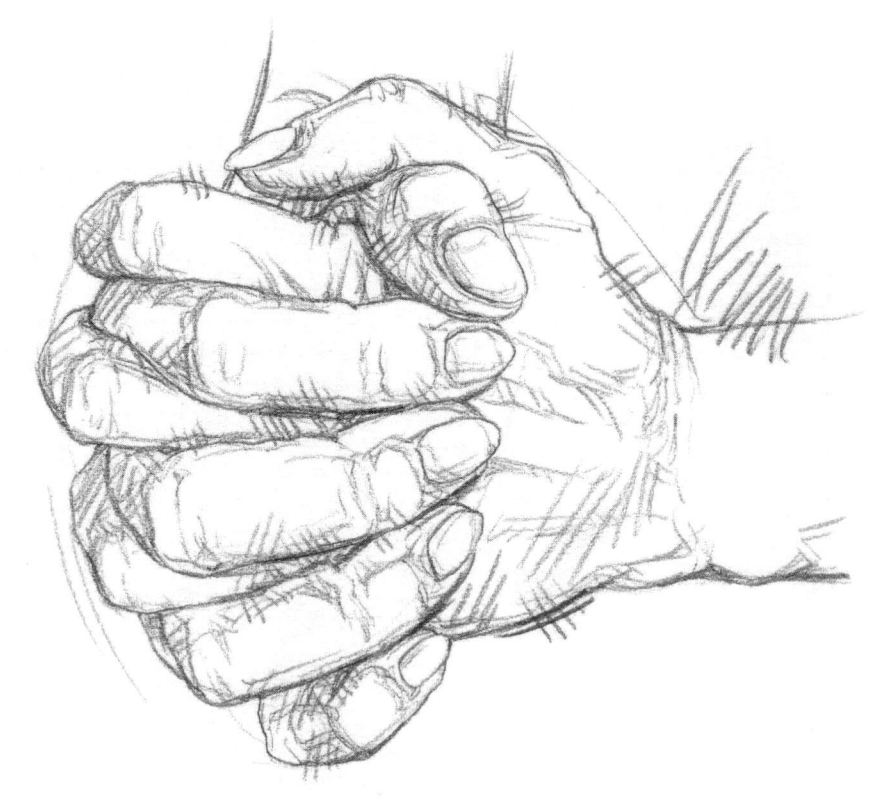

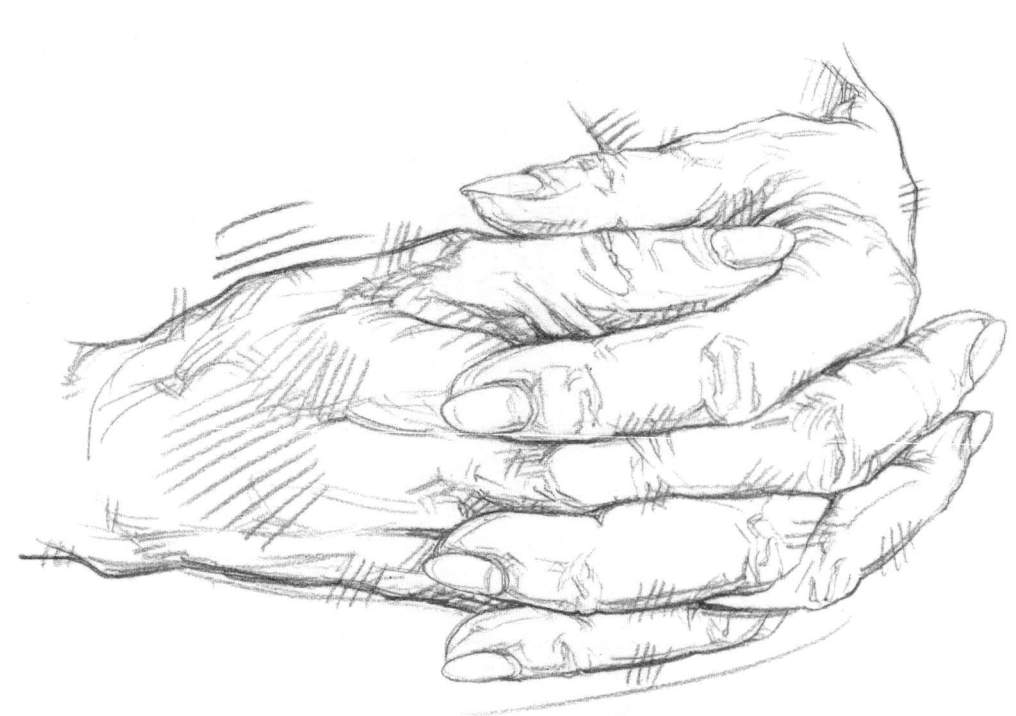

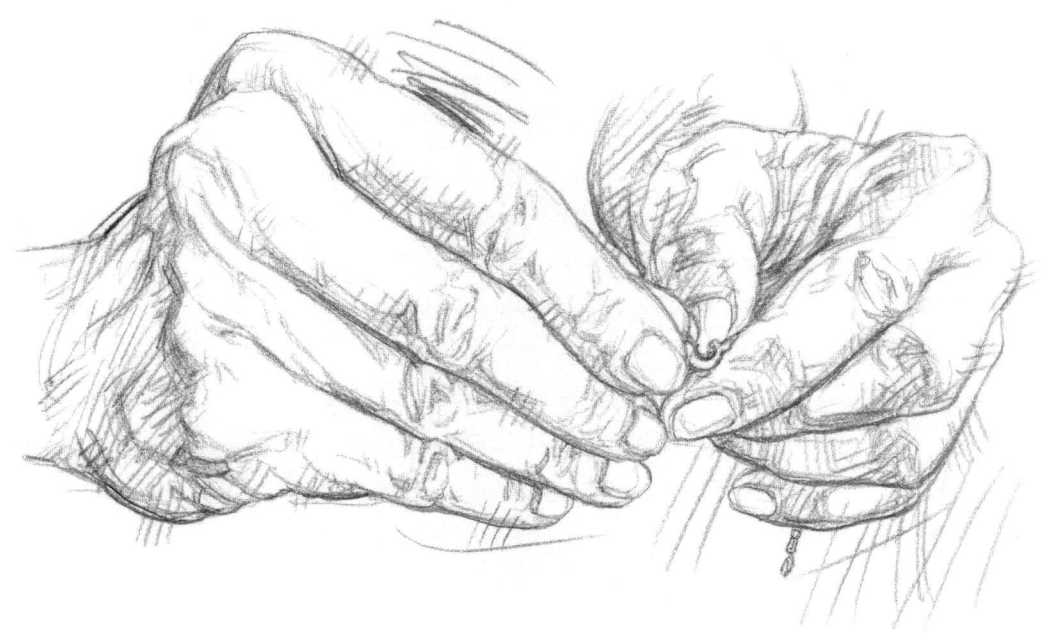

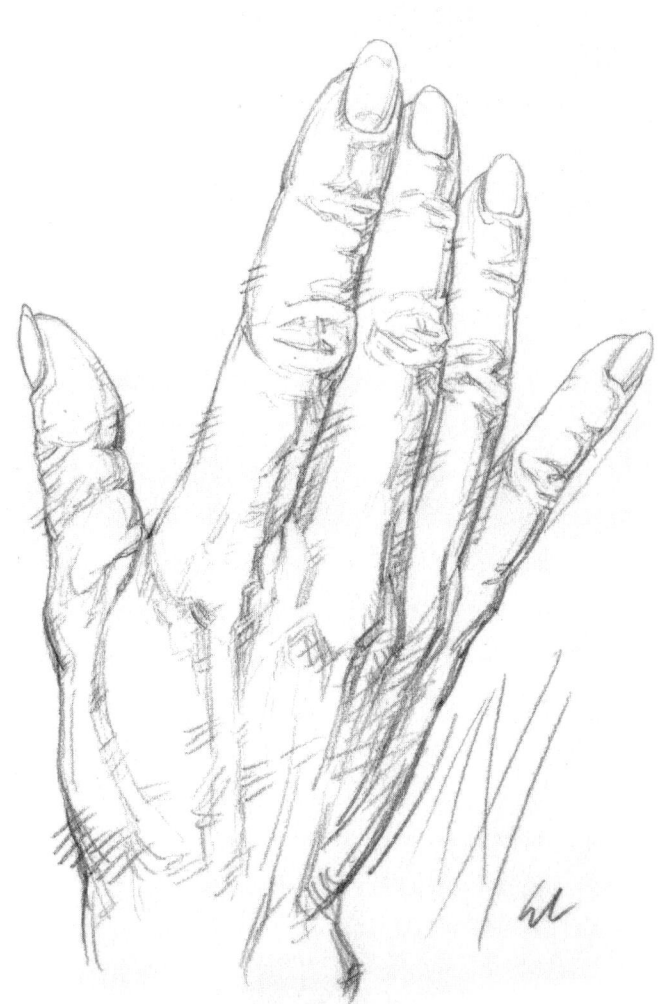

La longitud del dedo meñique corresponde a la de las dos primeras falanges del dedo contiguo, el anular. Los tendones de los músculos extensores de los dedos se abren en abanico en el dorso de la mano, desde la muñeca hasta el dorso de los dedos.

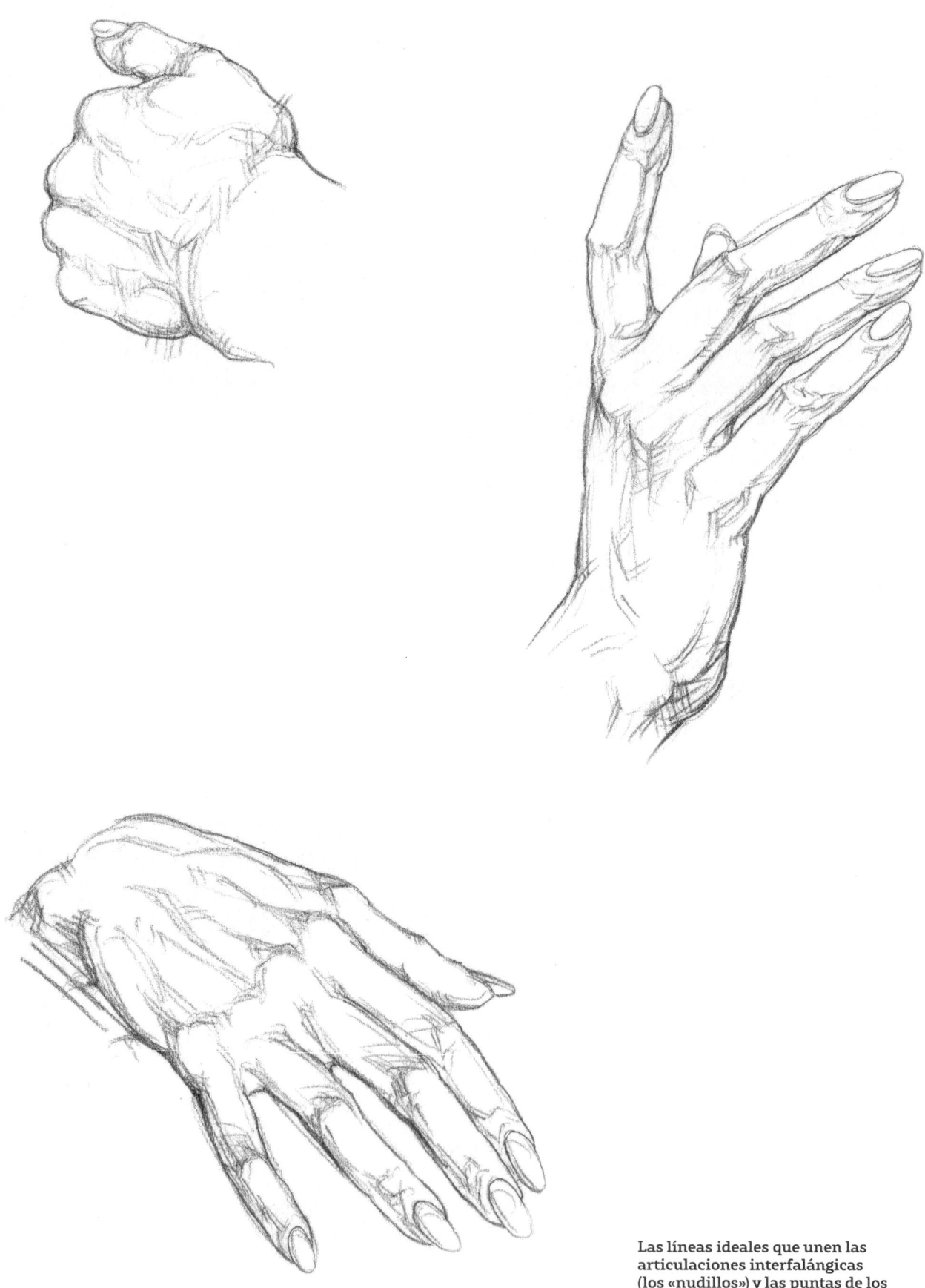

Las líneas ideales que unen las articulaciones interfalángicas (los «nudillos») y las puntas de los dedos extendidos describen arcos de diferentes radios.

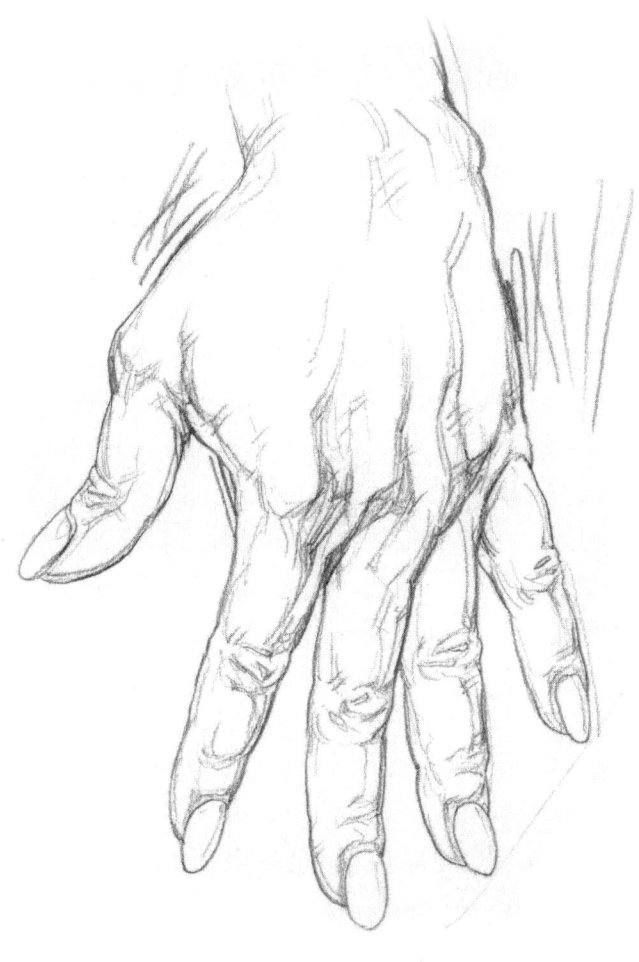

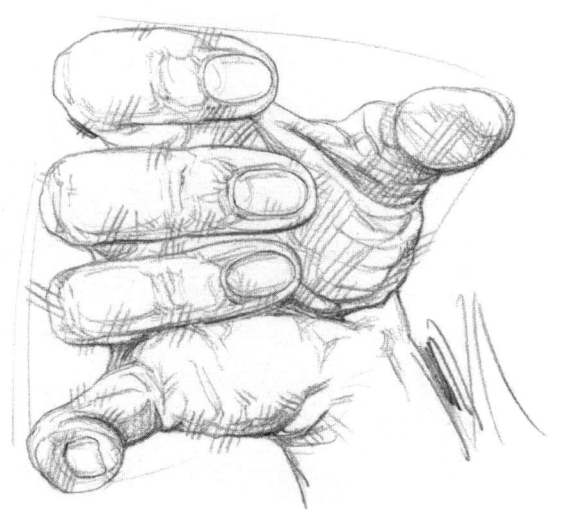

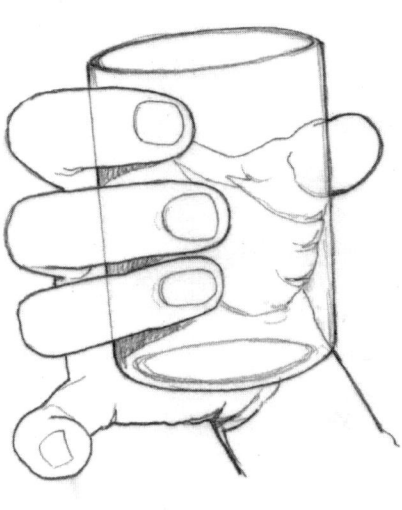

Las formas anatómicas, cuando se «ven» o se trazan «en transparencia», permiten lograr coherencia con la superficie del objeto que soportan.

Manos seniles

Las manos de las personas mayores revisten especial interés artístico por su riqueza formal y expresividad simbólica. Como ocurre con el rostro, las manos de cada individuo tienen características propias que se solapan con las de las estructuras anatómicas comunes. Las manos seniles están cargadas de experiencias, huellas de vida o personalidad, expresadas, por ejemplo, por arrugas y surcos profundos, pliegues, venas superficiales, tendones y manchas marrones de la piel.

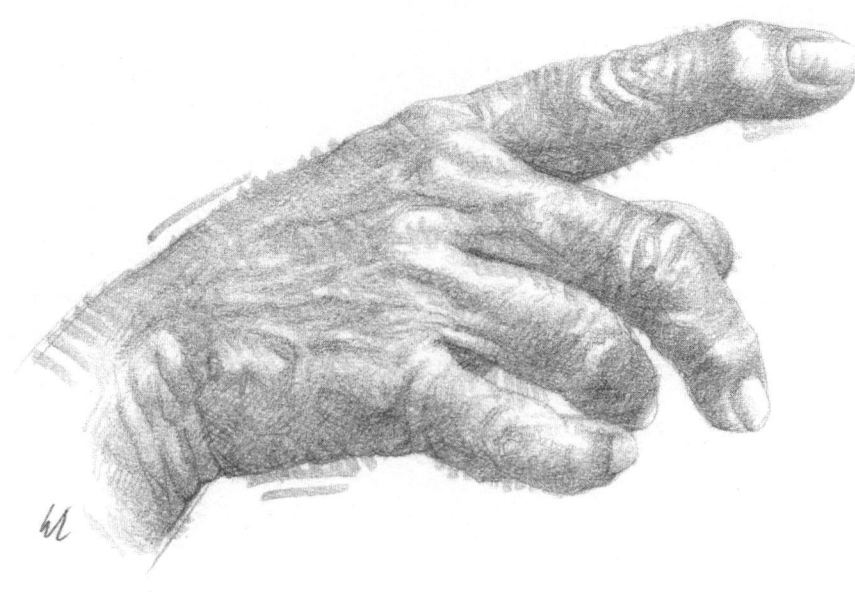

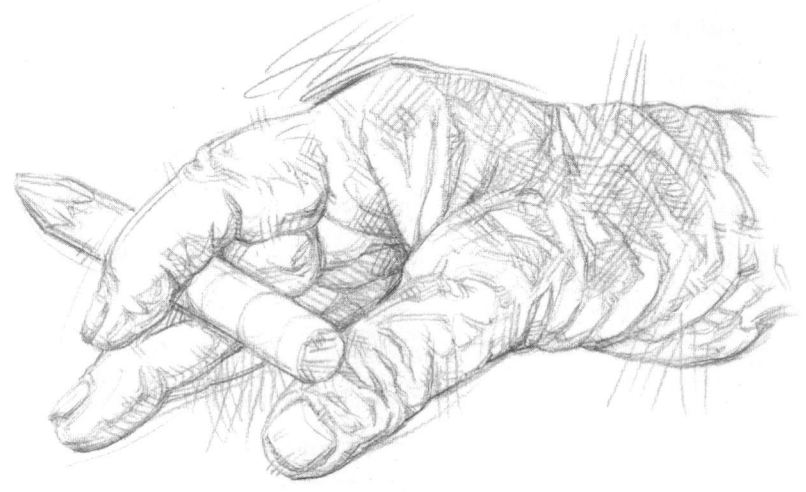

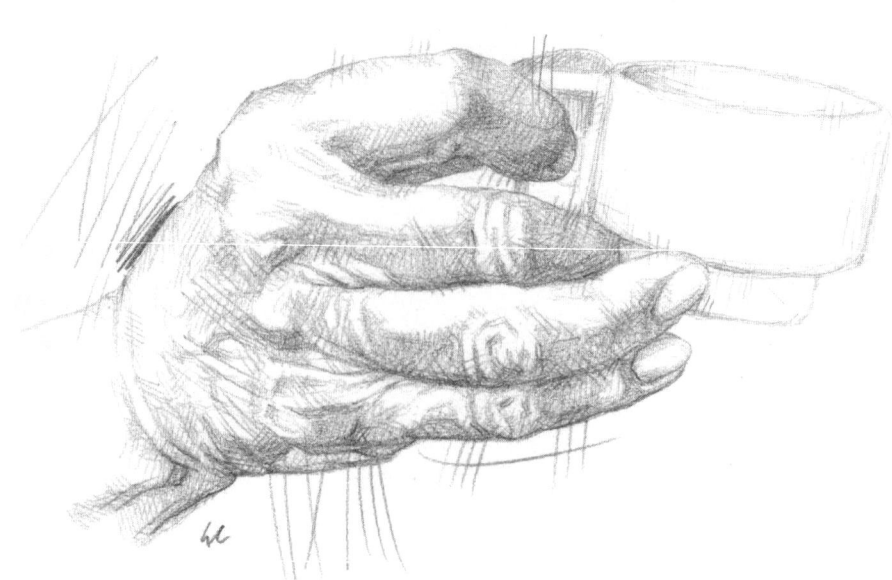

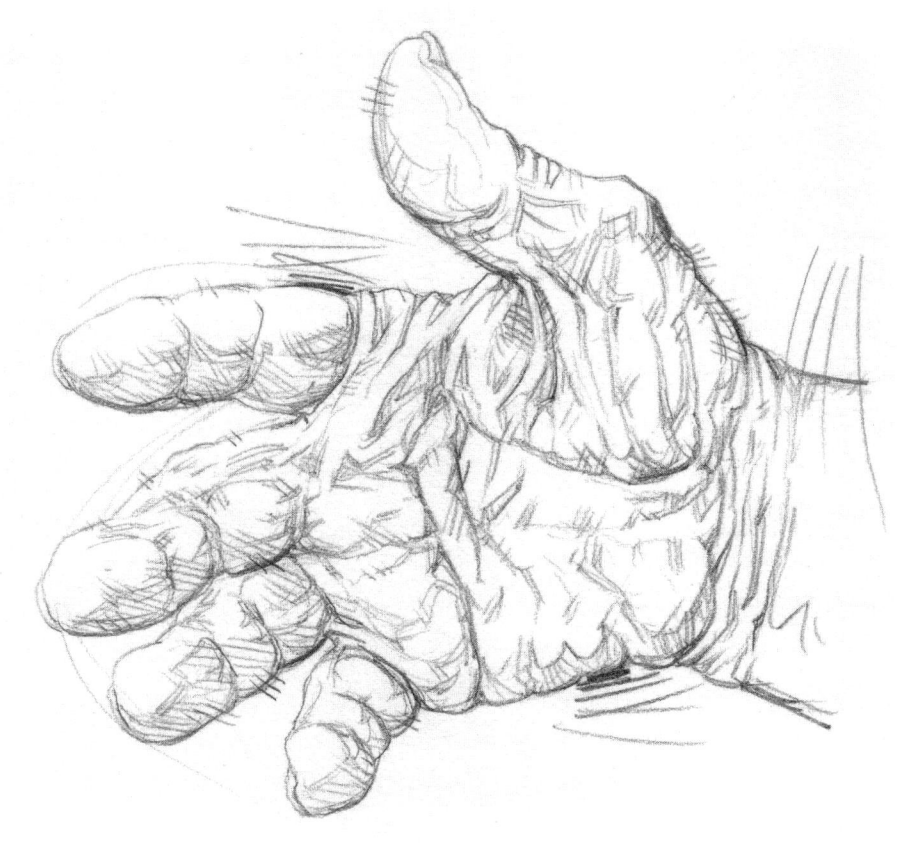

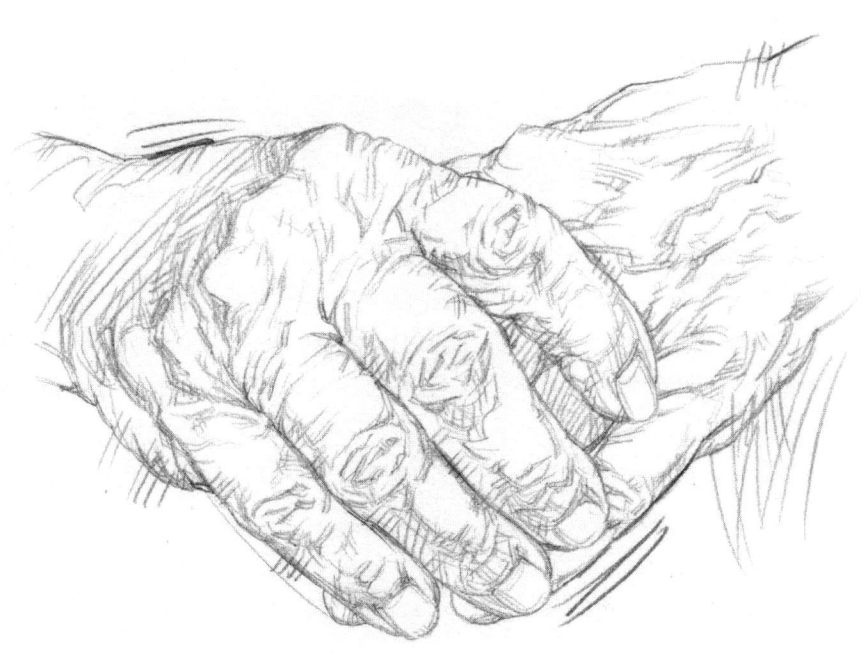

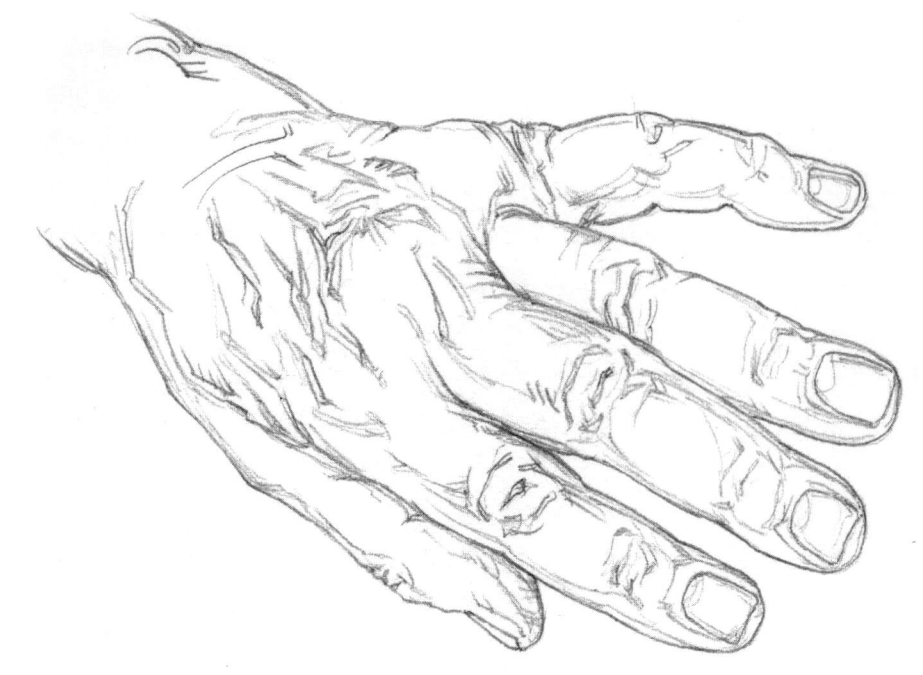

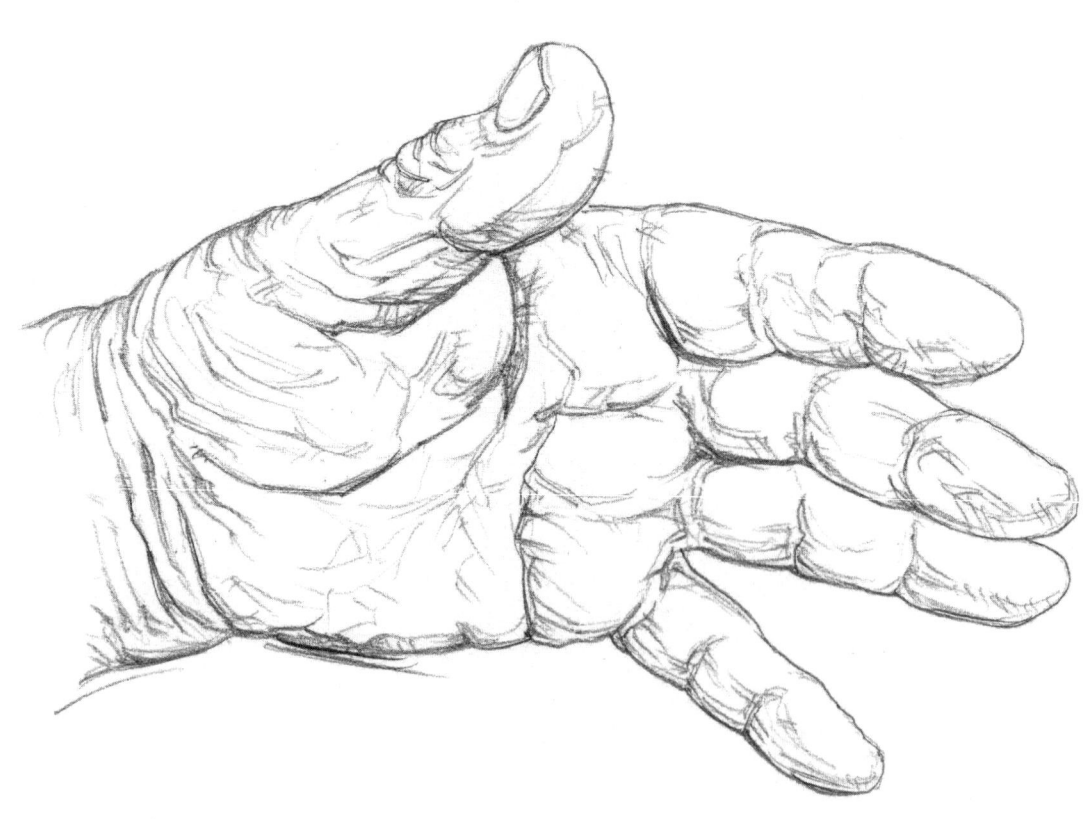

Manos infantiles

Las manos infantiles tienen formas redondeadas y «blandas». Los dedos aún no están completamente desarrollados y son más cortos que la palma. En el dorso de la mano, junto a cada dedo, aparecen los característicos «hoyuelos».

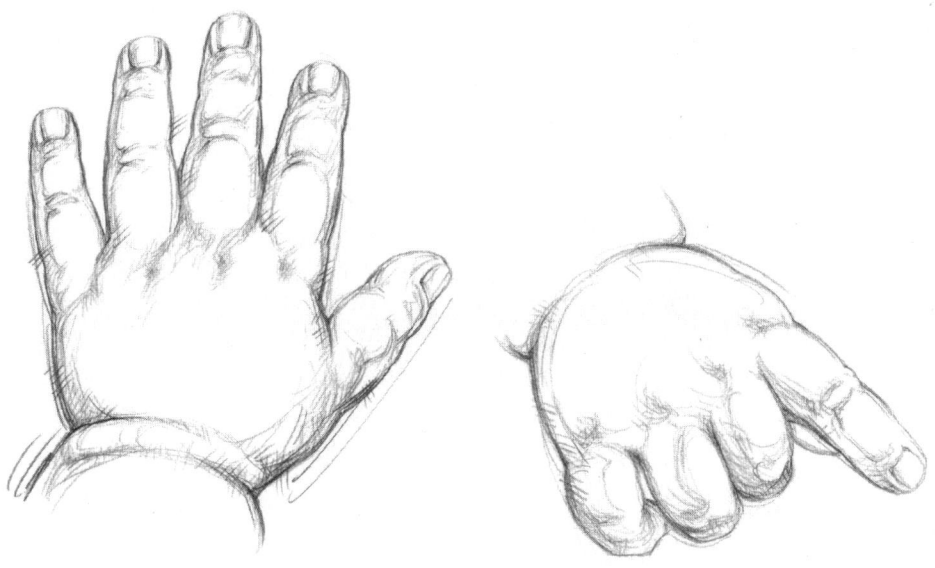

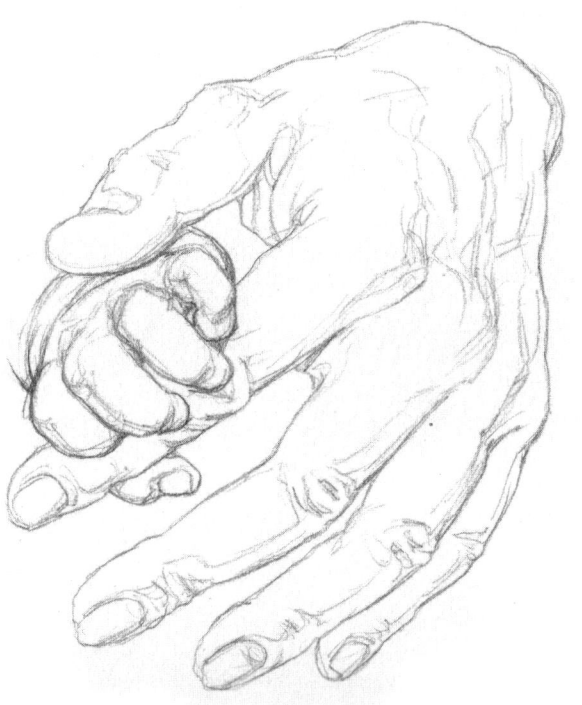

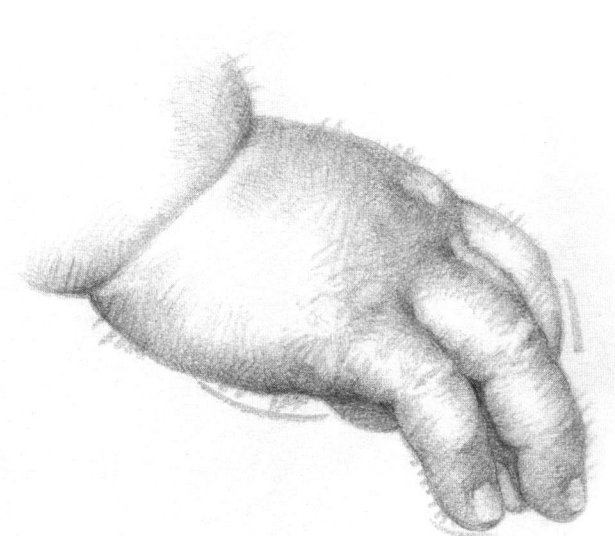

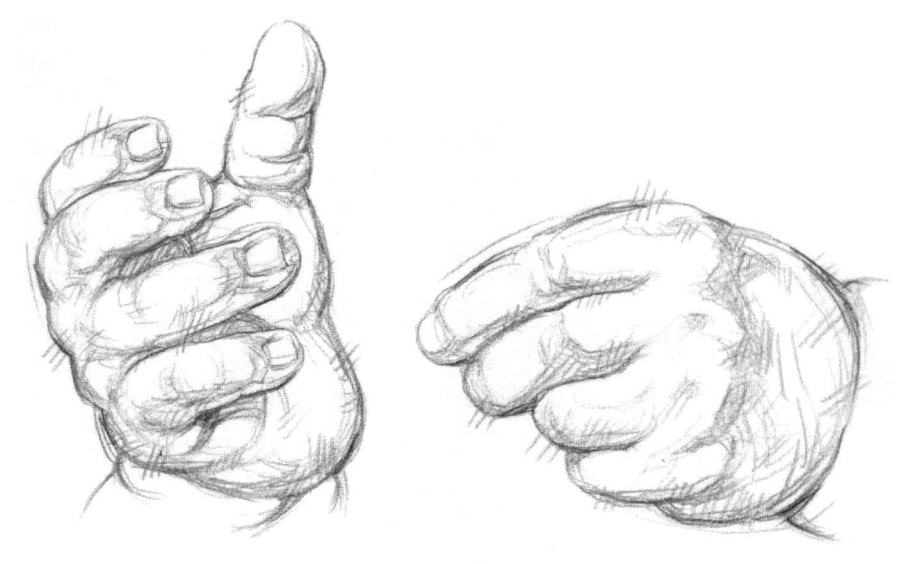

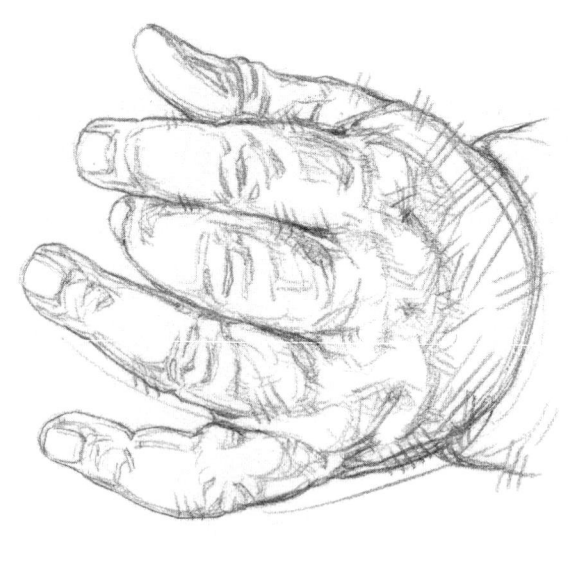

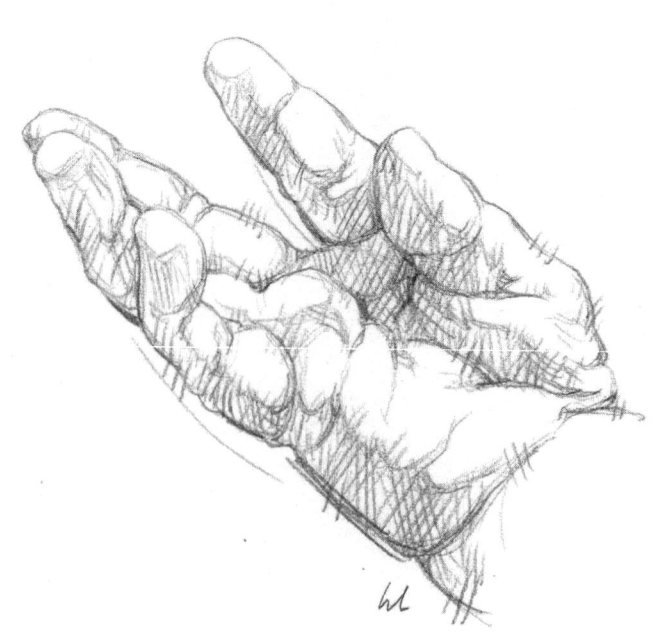

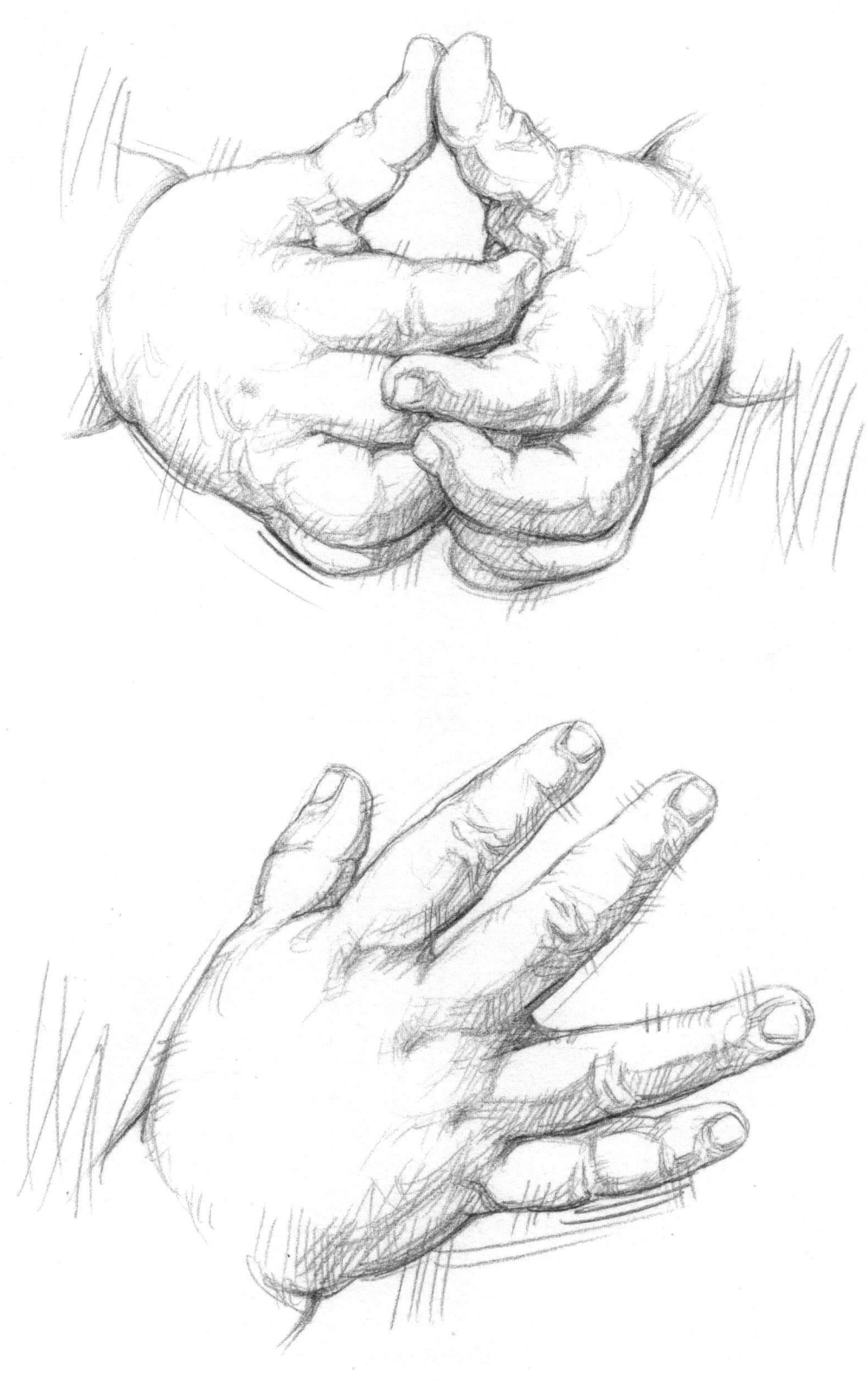

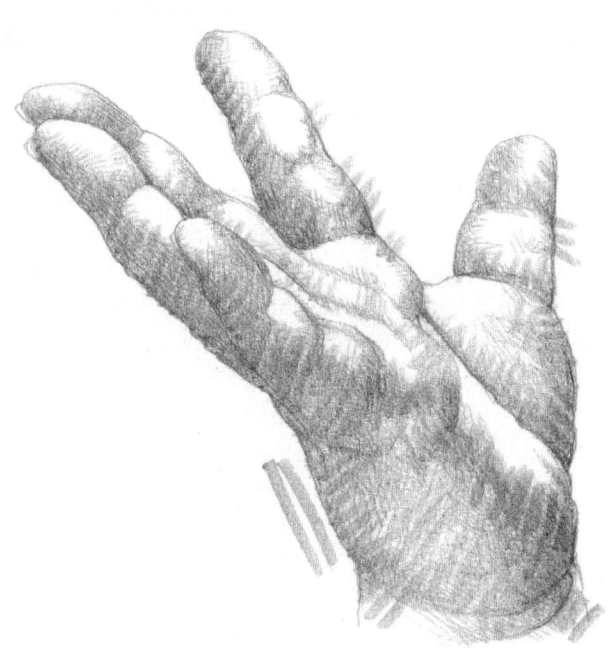

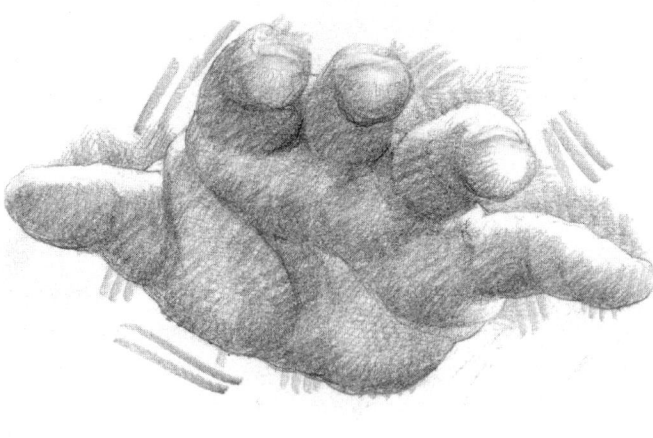

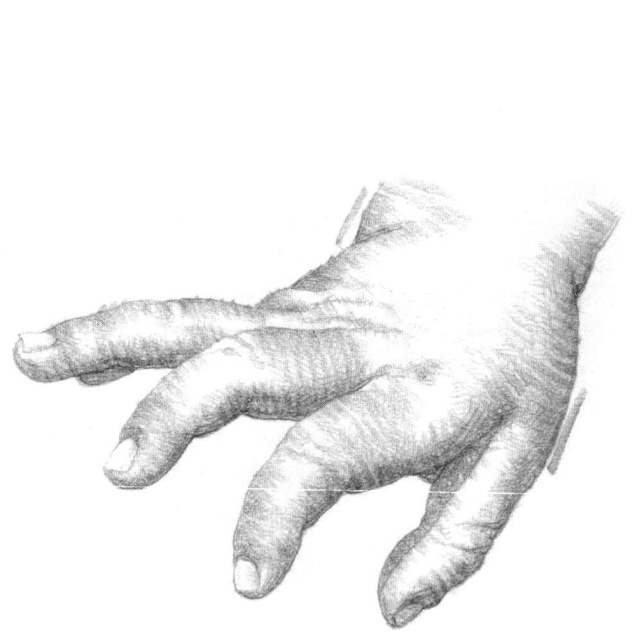

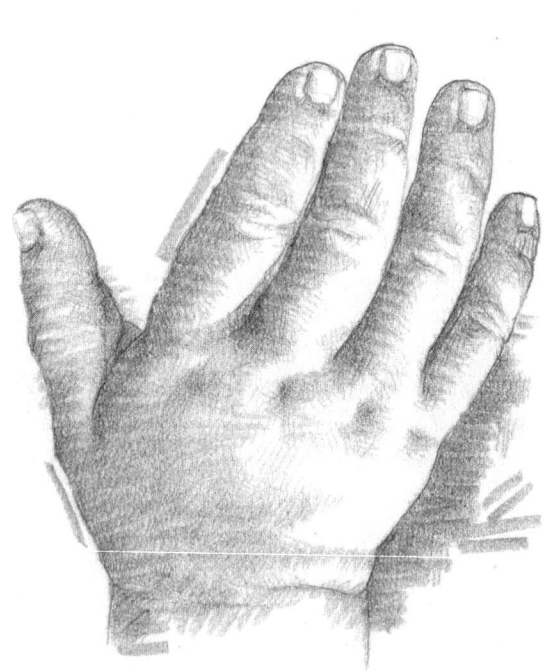

La mano cambia radicalmente desde la infancia hasta la vejez. Y no solo el tamaño, las proporciones y la estructura, sino también la piel y otros signos superficiales (vellosidad, pigmentación, retículo venoso, pliegues y surcos, uñas, etc.).

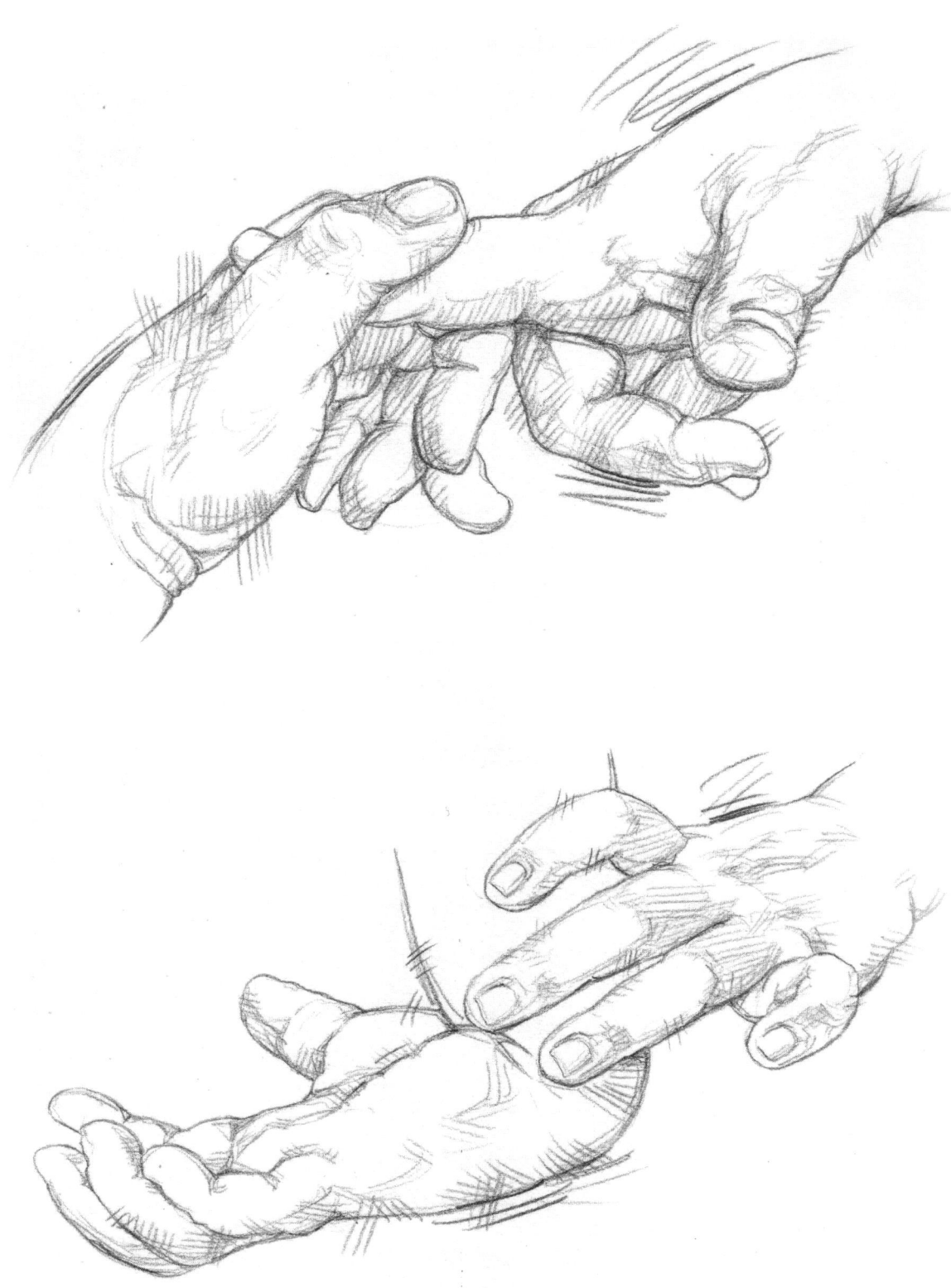

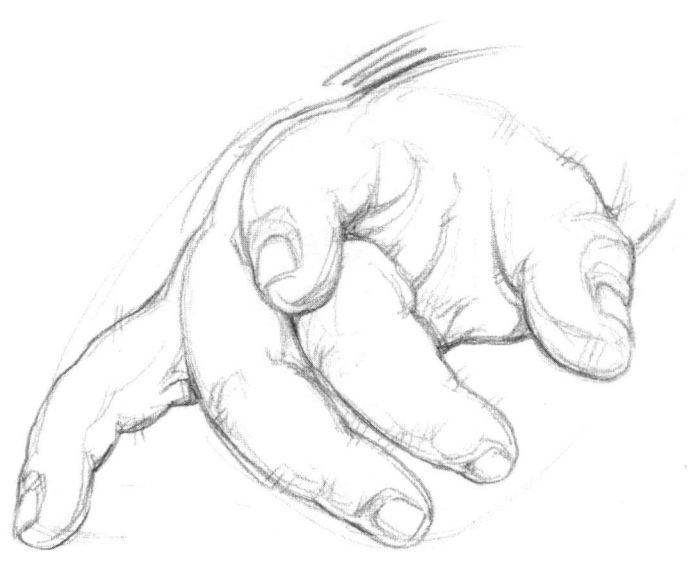

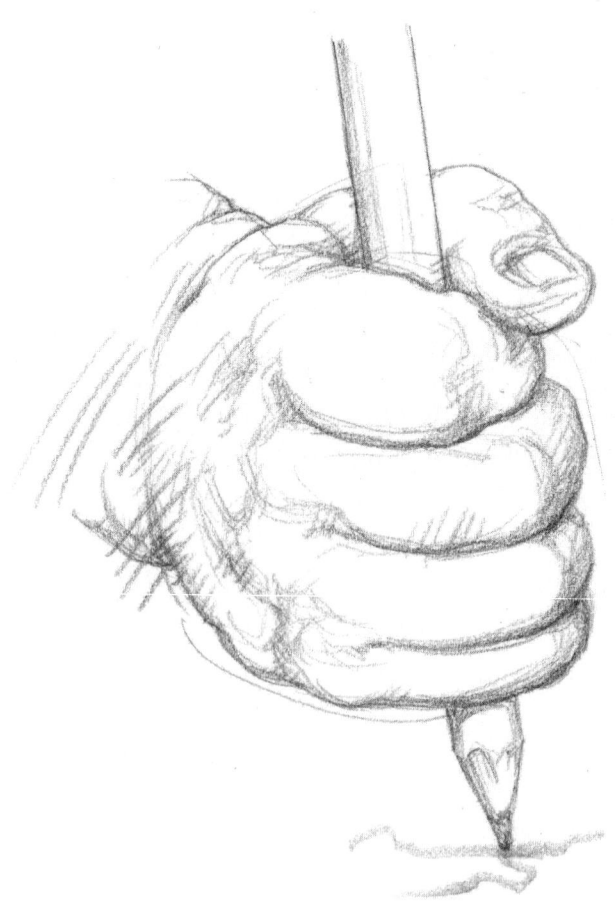

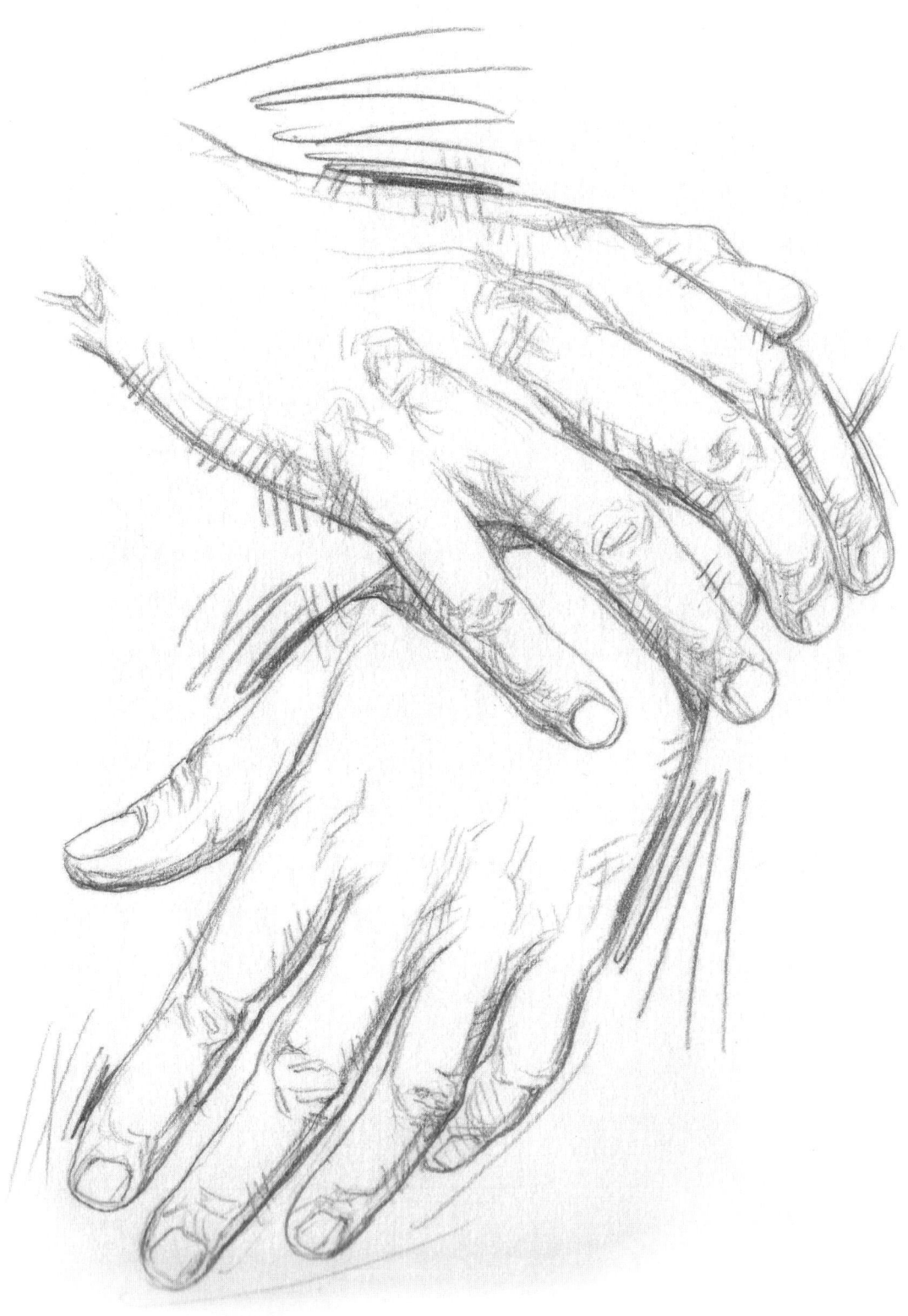

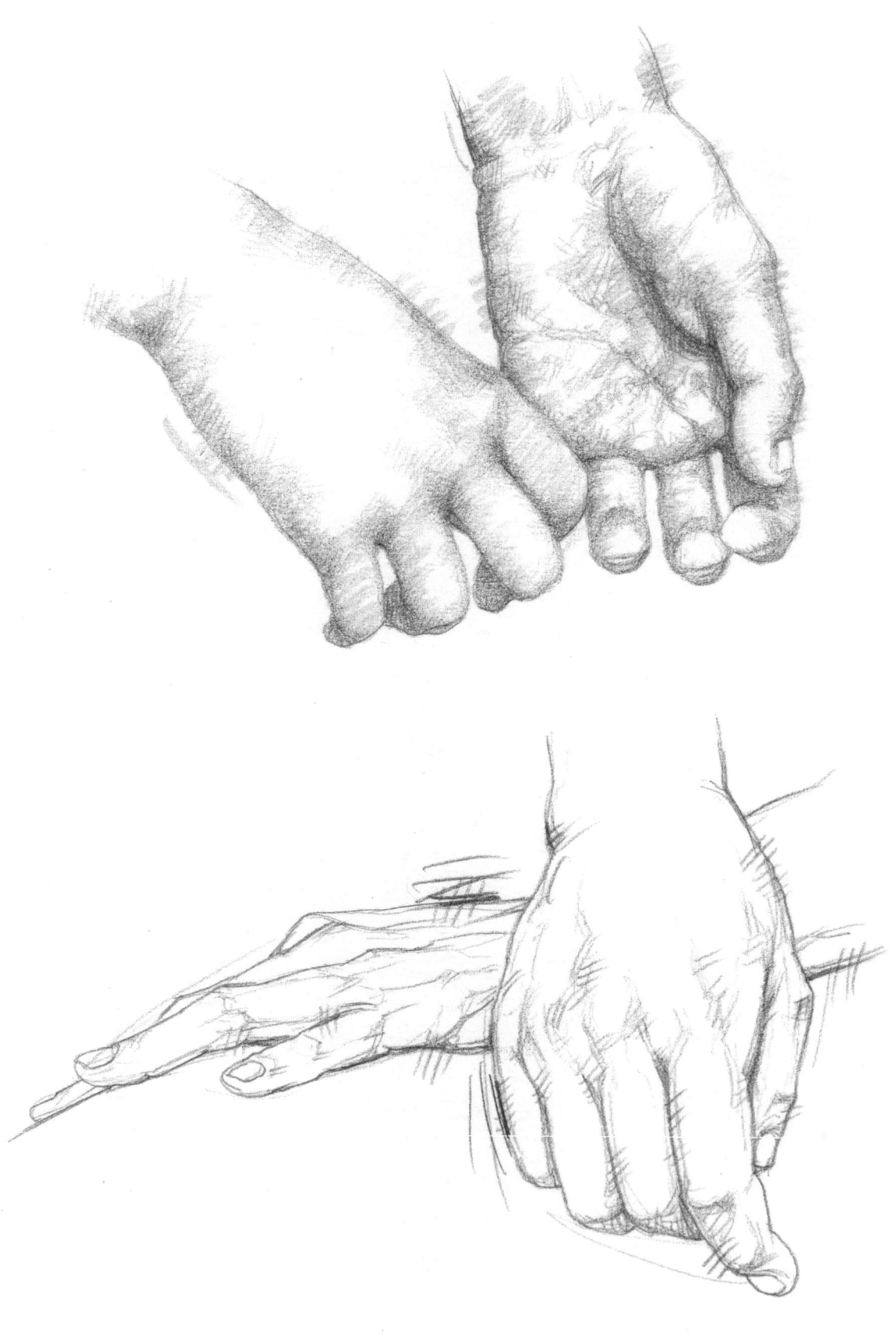

Cuaderno de dibujo: bocetos de estudio

El *boceto* es la primera y rápida anotación que el artista traza para fijar sobre el papel una estructura esencial, un recordatorio visual para un proyecto, pero también puede ser un ejercicio autónomo en sí mismo. Por otra parte, el estudio o el cuaderno deben acompañar siempre al dibujante en su observación cotidiana y fugaz del «mundo social». En esta sección, pues, he reunido una serie de esbozos de manos en diversas posiciones y aspectos interesantes: poses que no se pueden «mantener» mucho tiempo, a veces atrapadas en el gesto momentáneo, y que, por tanto, requieren ser retratadas con unos cuantos trazos rápidos de lápiz... Utilicé, pues, un estilo «lineal», quizá el más adecuado para una síntesis rápida y sugerente, para retratar (¡otra vez!) *mi* mano.

Esta experiencia de observación, atenta y concentrada, también podría derivar en algunos ejercicios didácticos muy útiles, que podrían ser, por ejemplo, los siguientes: 1 − Dibujar del natural rápidamente (pero con cuidado y precisión) la propia mano «libre», inactiva, reflejada en uno o varios espejos. 2 − Fotografiar, al mismo tiempo, la mano en idéntica pose y situación de iluminación, para comparar, a continuación, los efectos gráficos de la interpretación o la alteración de la perspectiva. 3 − Dibujar la misma pose utilizando únicamente la memoria y la imaginación.

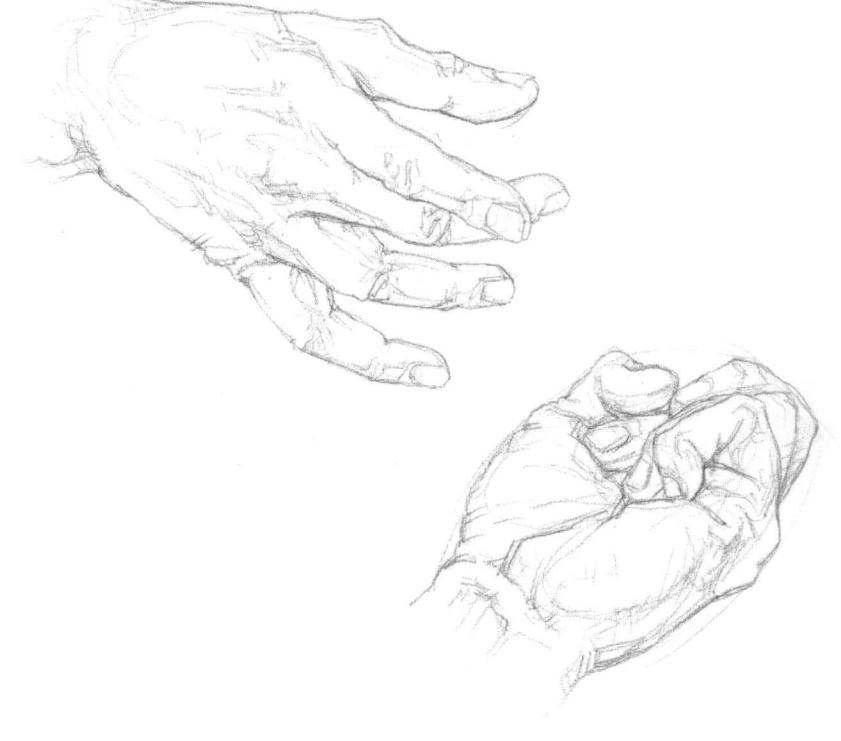

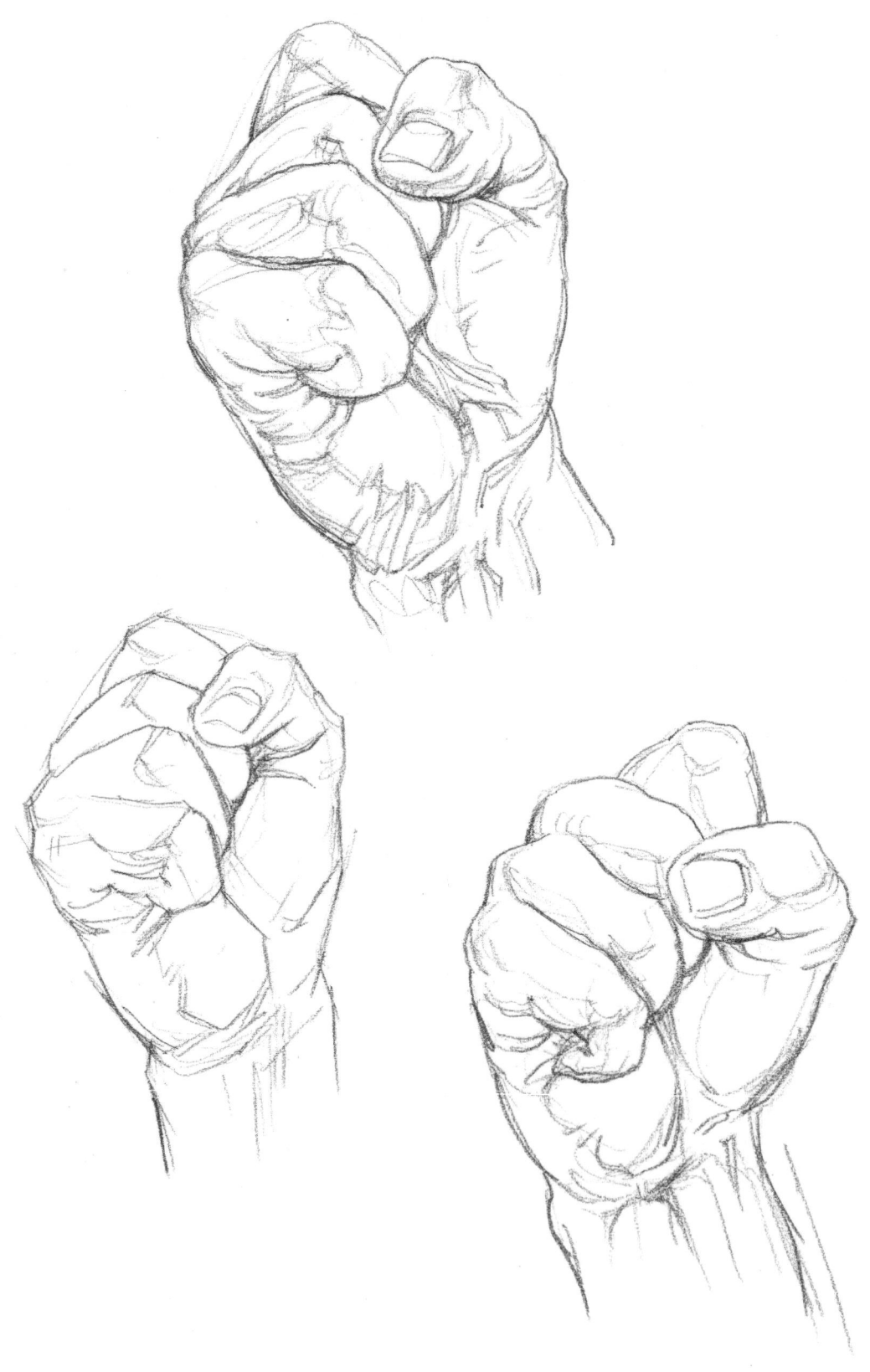

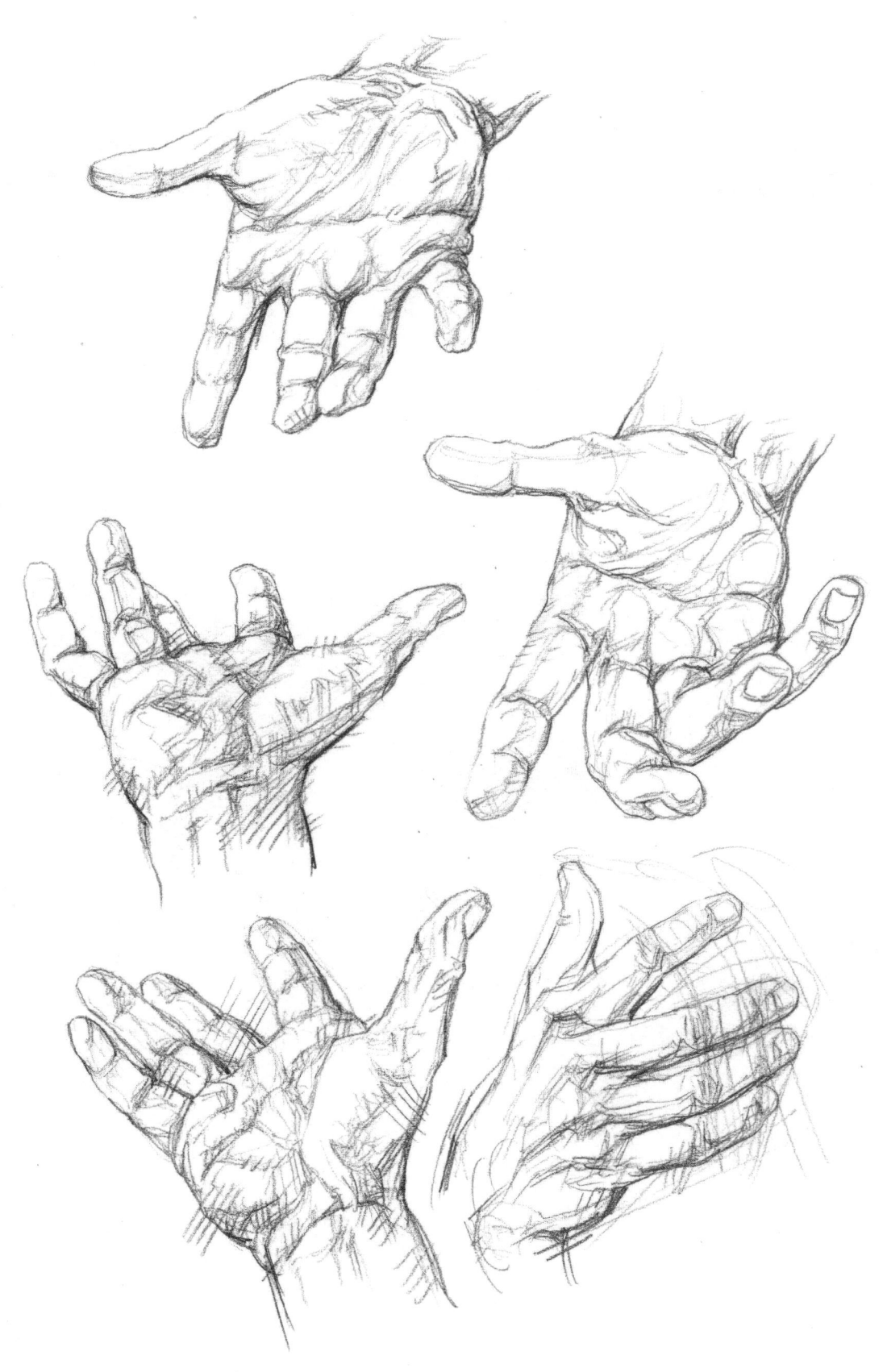

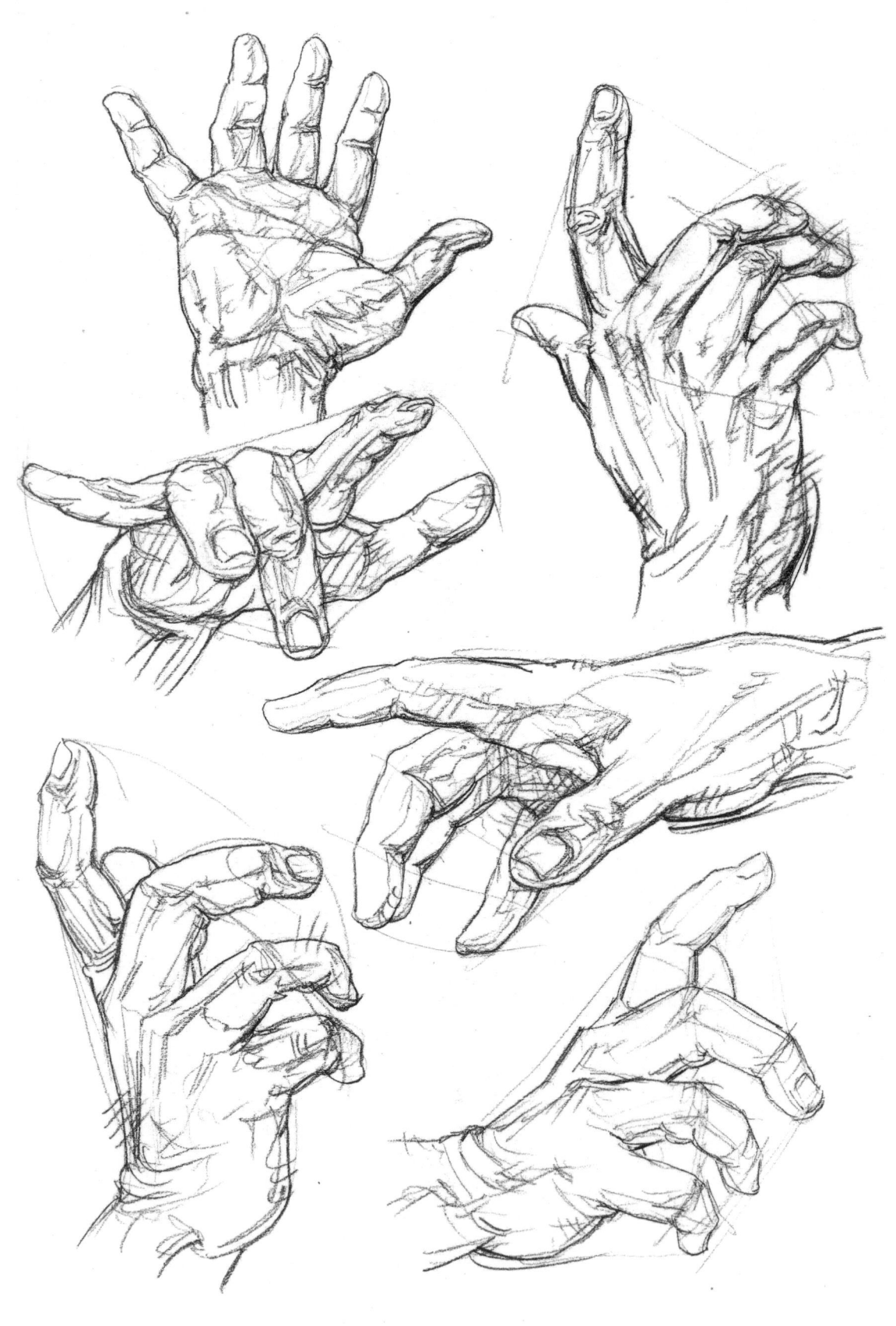

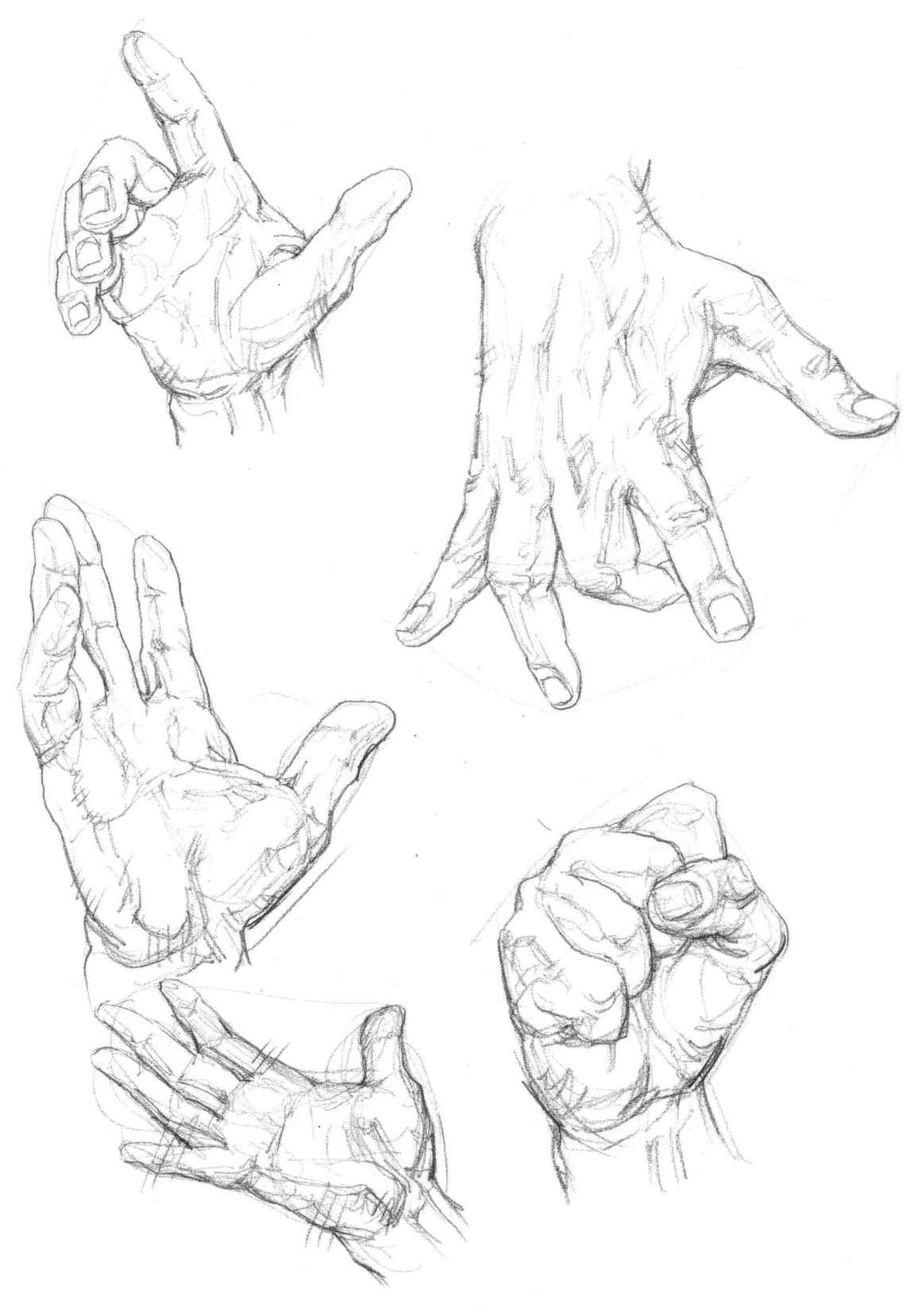

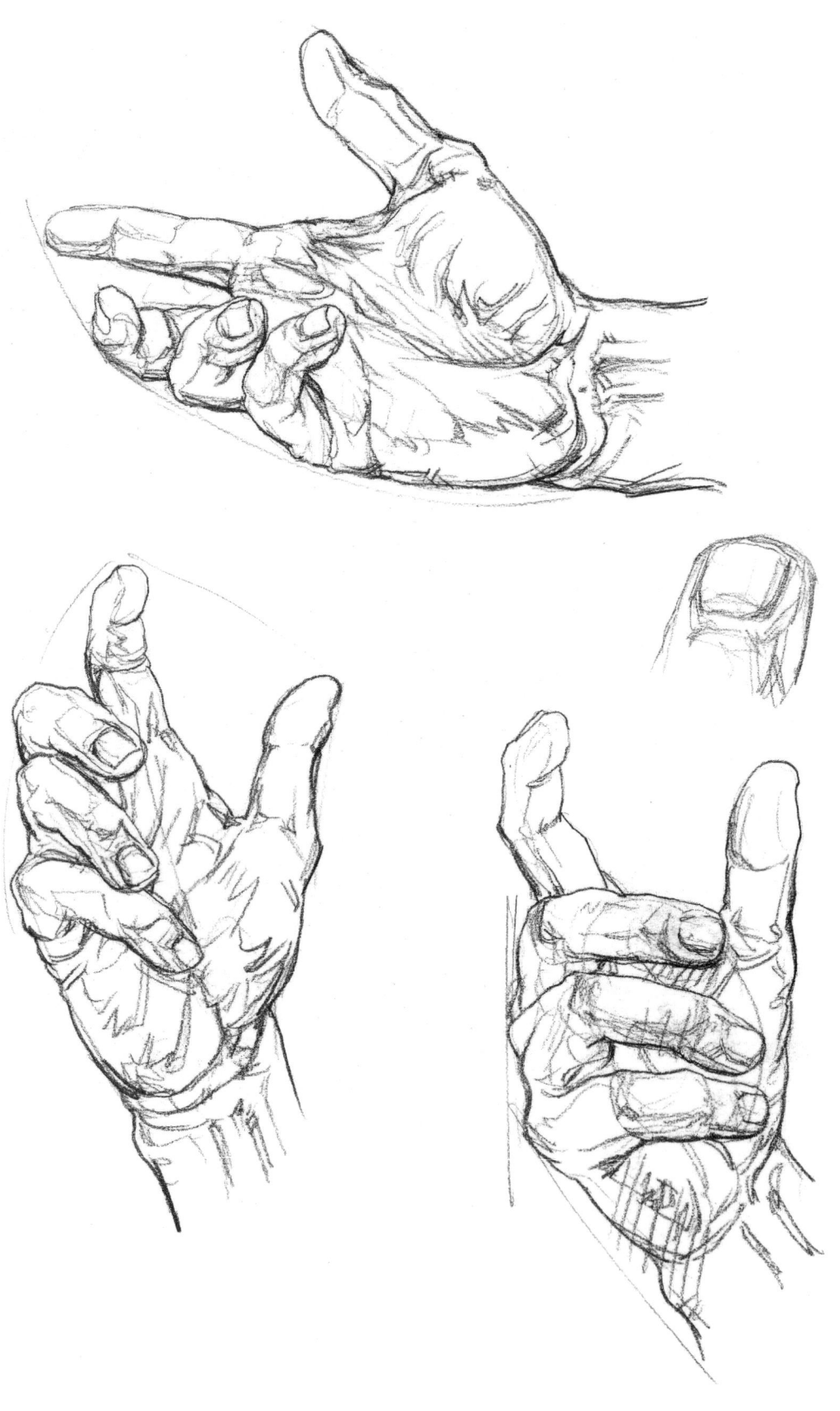

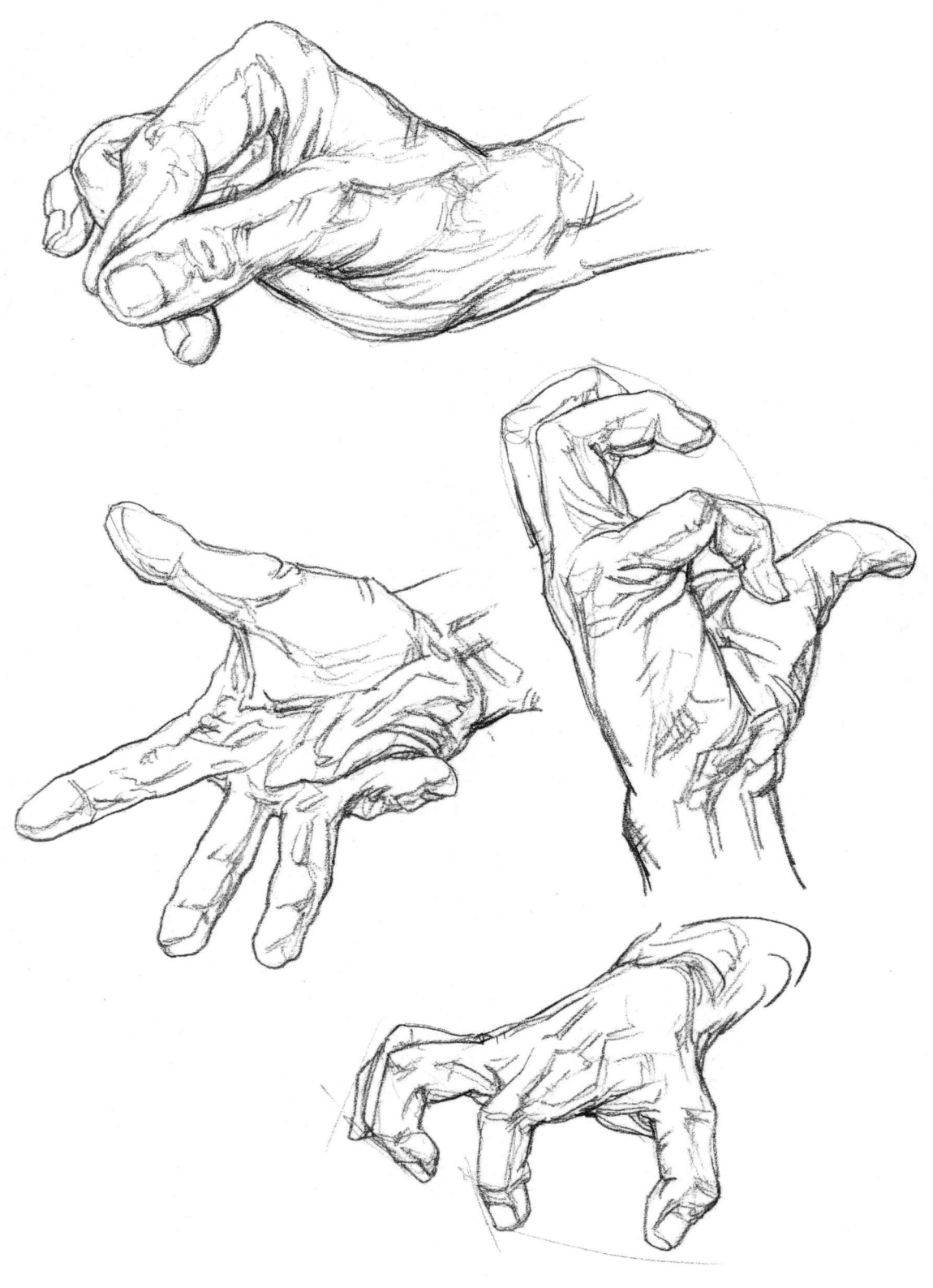

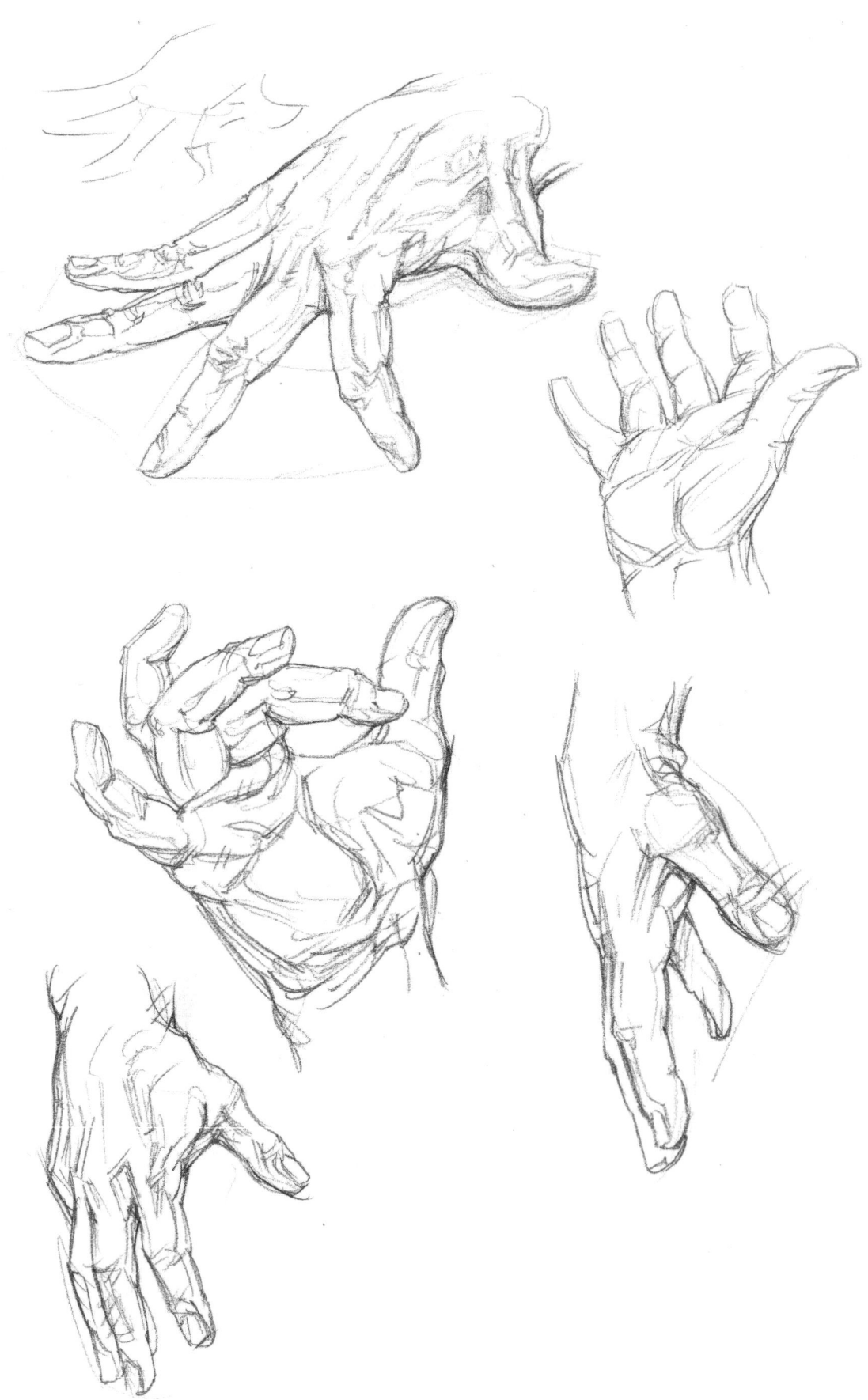

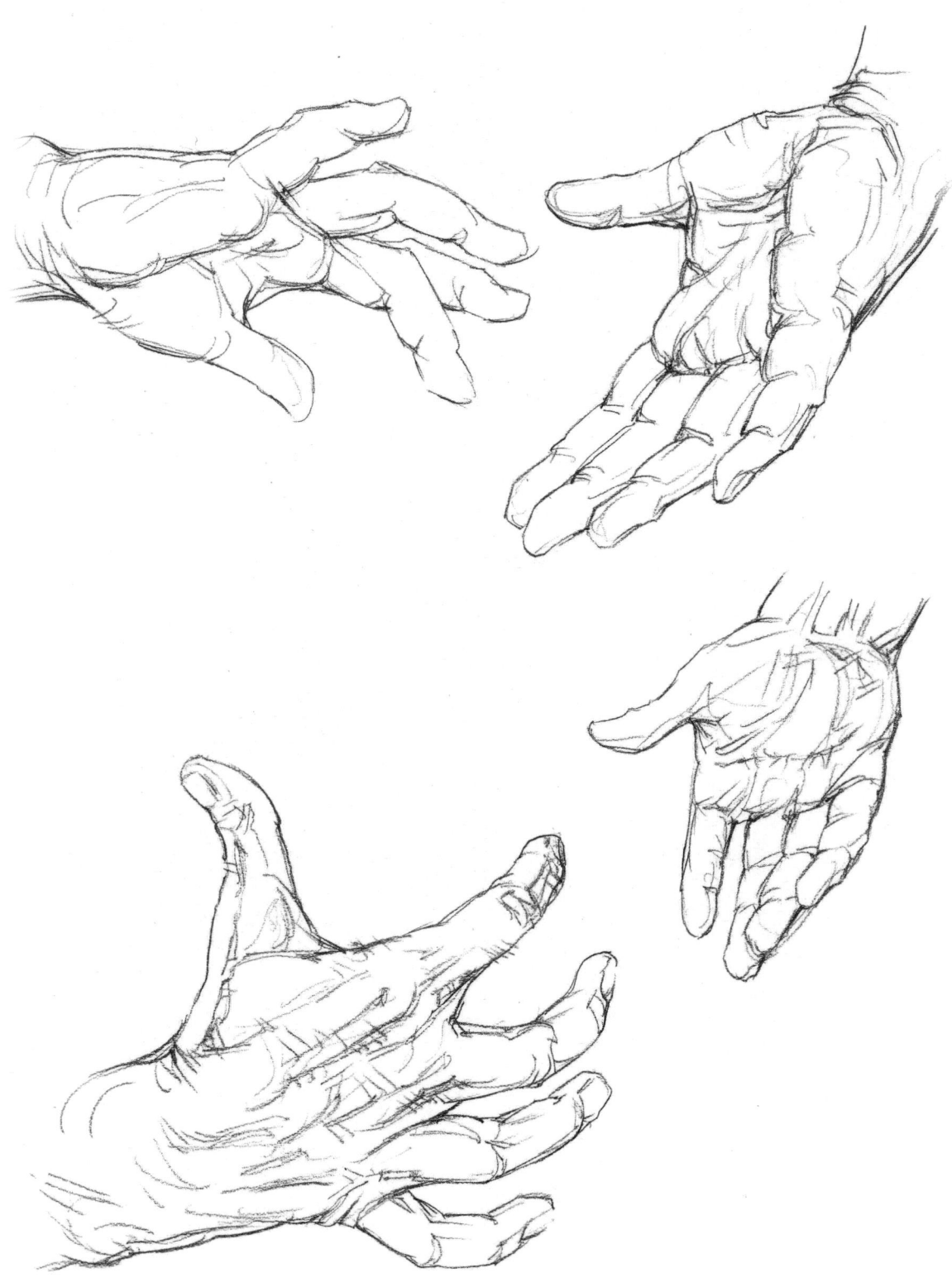

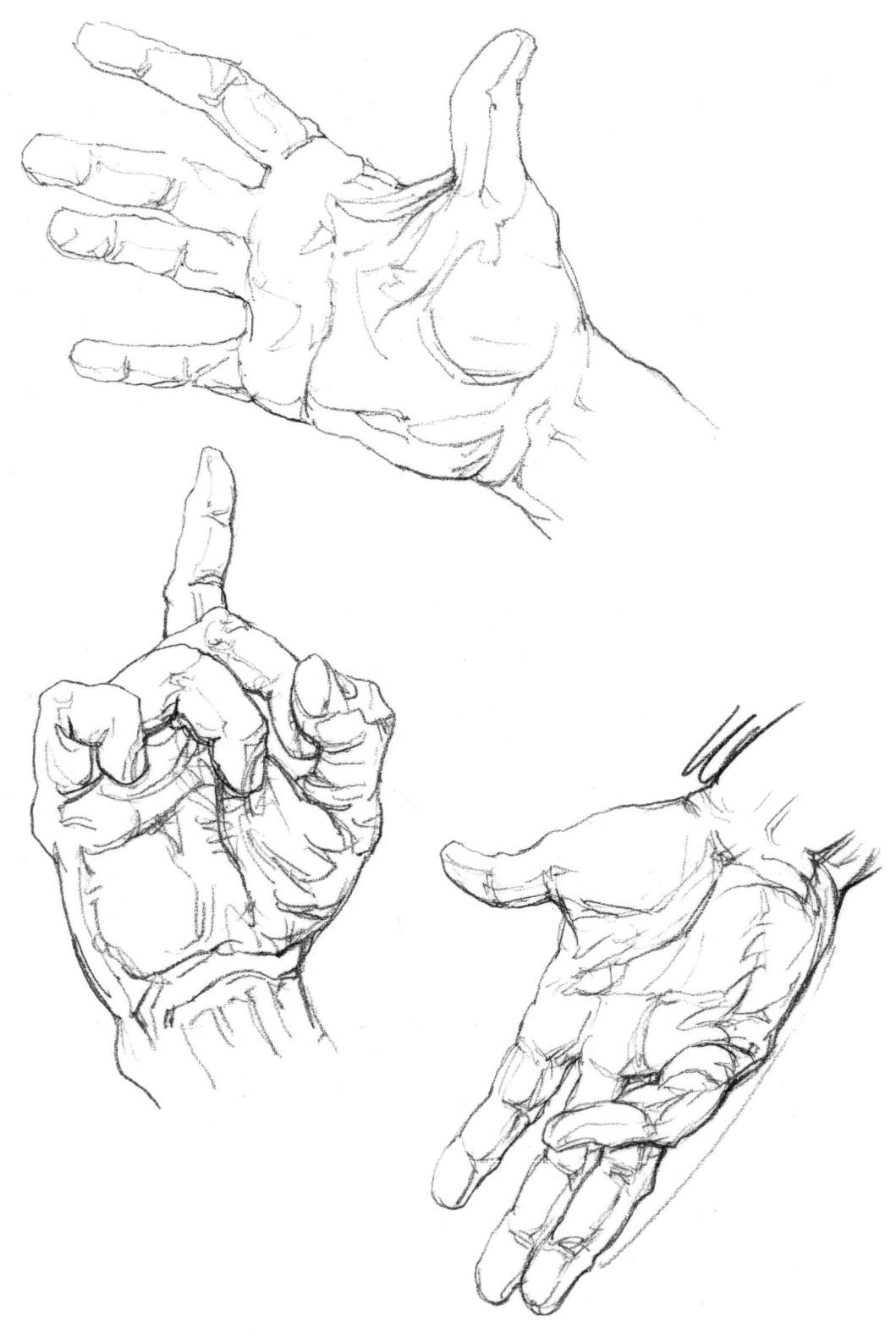

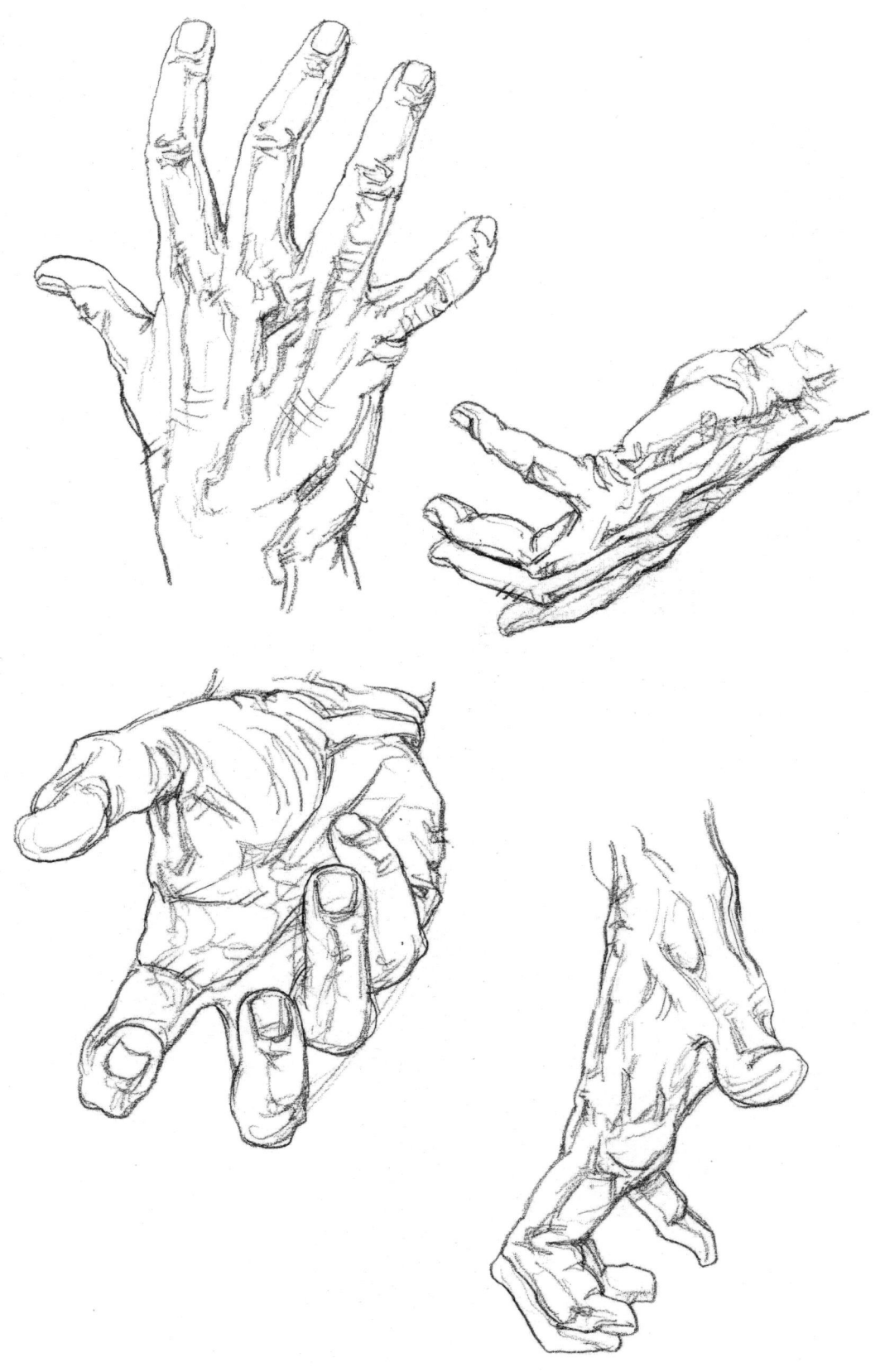

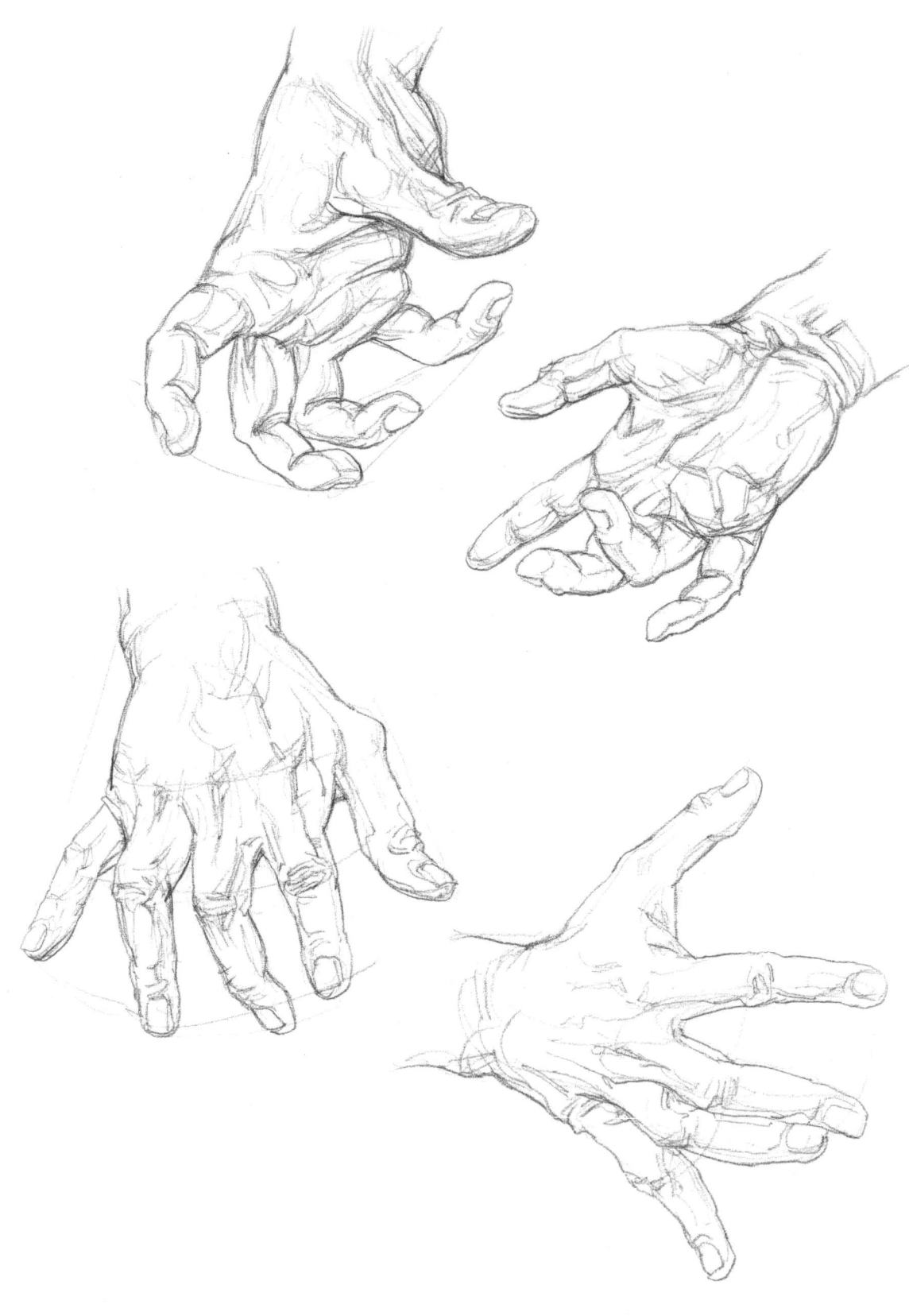

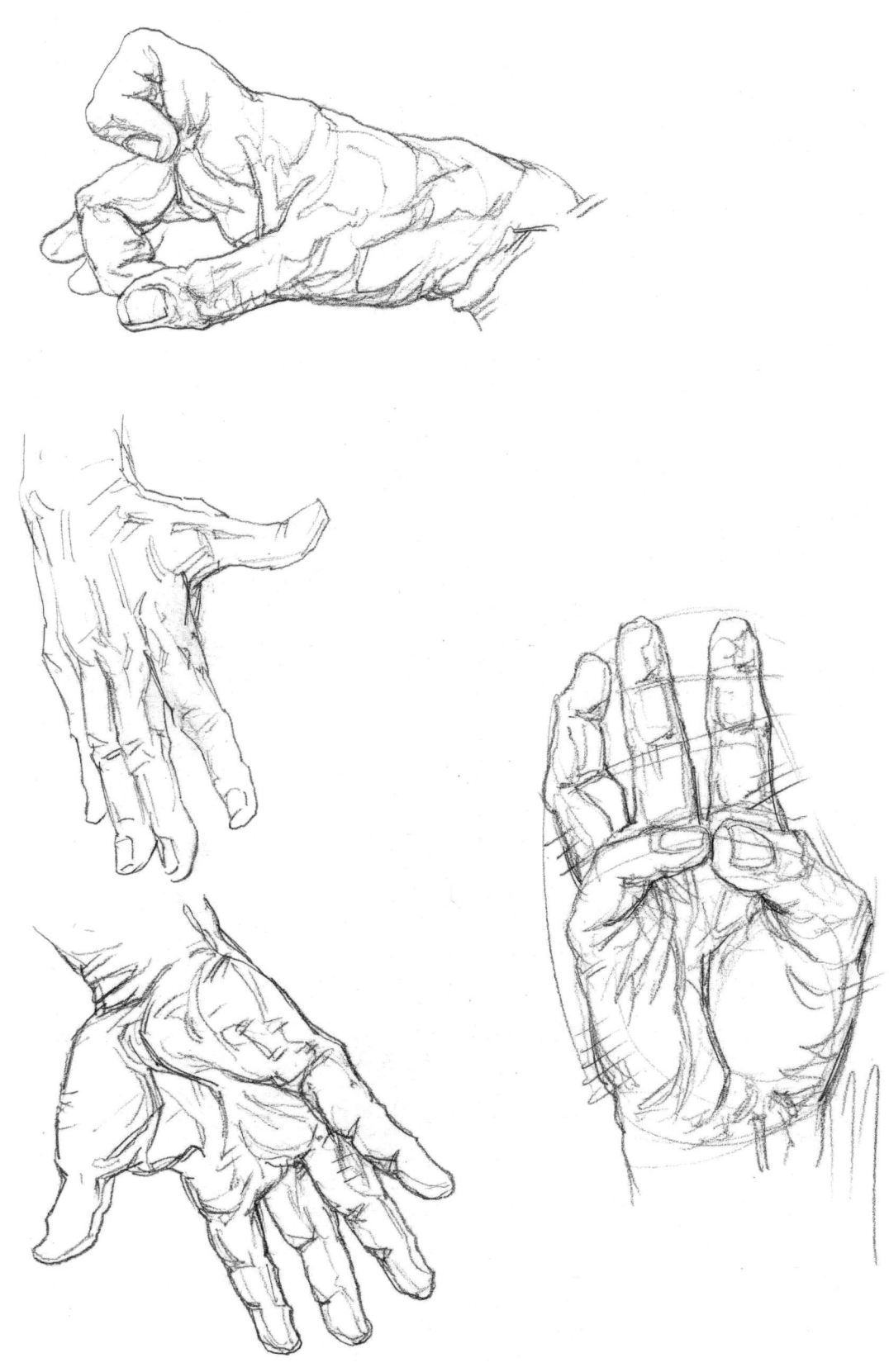

Para terminar: modos y estilos de dibujo

Cada época y cada artista ha representado las manos con sus propias características de actitud, expresión (el «gesto»...) y, sobre todo, forma. En resumen, cada artista ha dibujado las manos de una manera diferente y, por tanto, cada «escuela» ha tenido también su particular interpretación: por ejemplo, es fácil ver las diferencias entre una mano «gótica», una mano «renacentista» o una mano «cubista». La mano en sí, como elemento anatómico evolucionado, no ha cambiado a lo largo de la historia, pero sí la forma de representarla. El método crítico, desarrollado por el experto Giovanni Morelli hacia finales del siglo XIX, permite identificar al autor de una obra de arte a partir de la comparación de detalles formales (especialmente anatómicos, como uñas, orejas, manos, etc.).

Leonardo da Vinci (1452-1519)

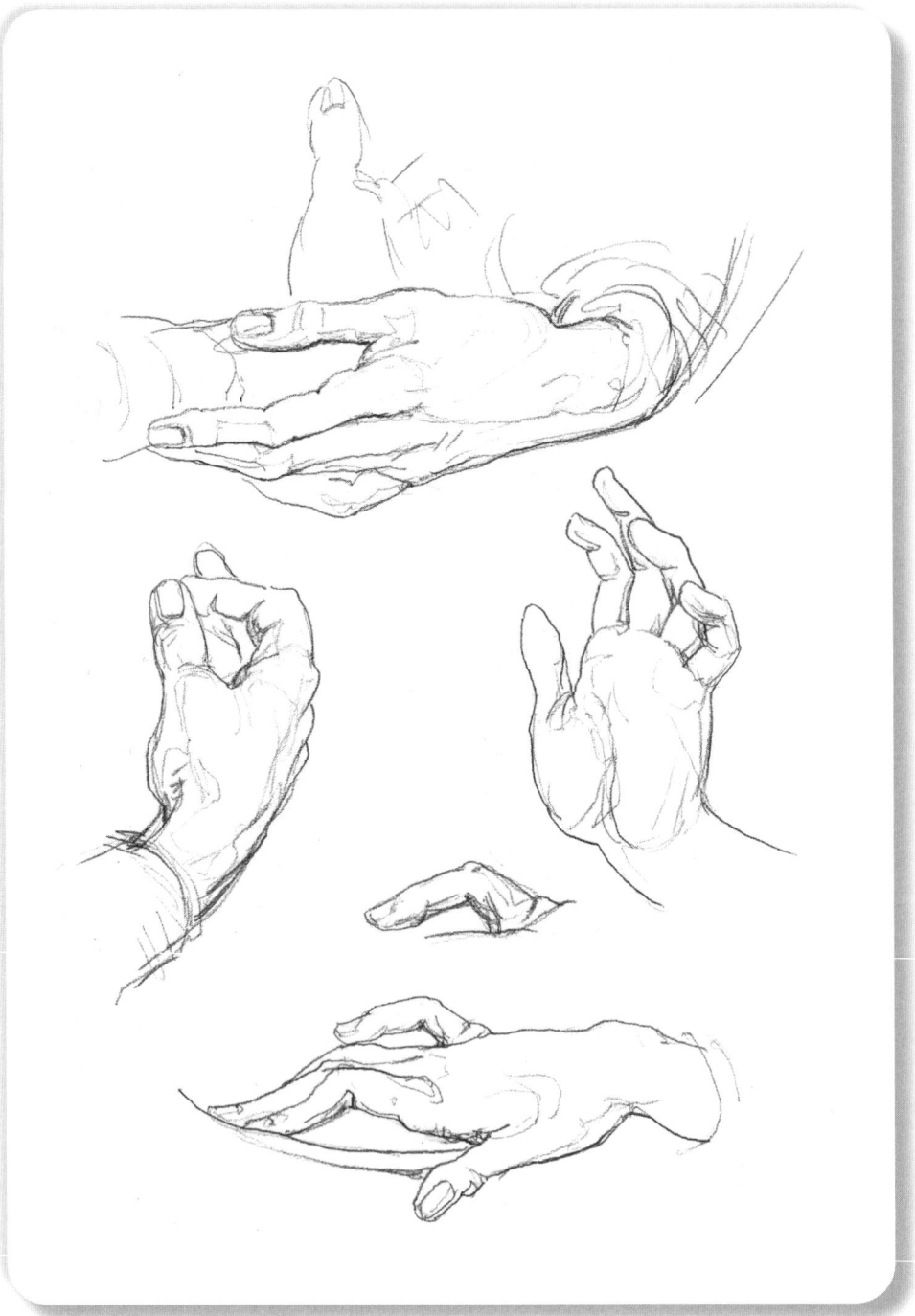

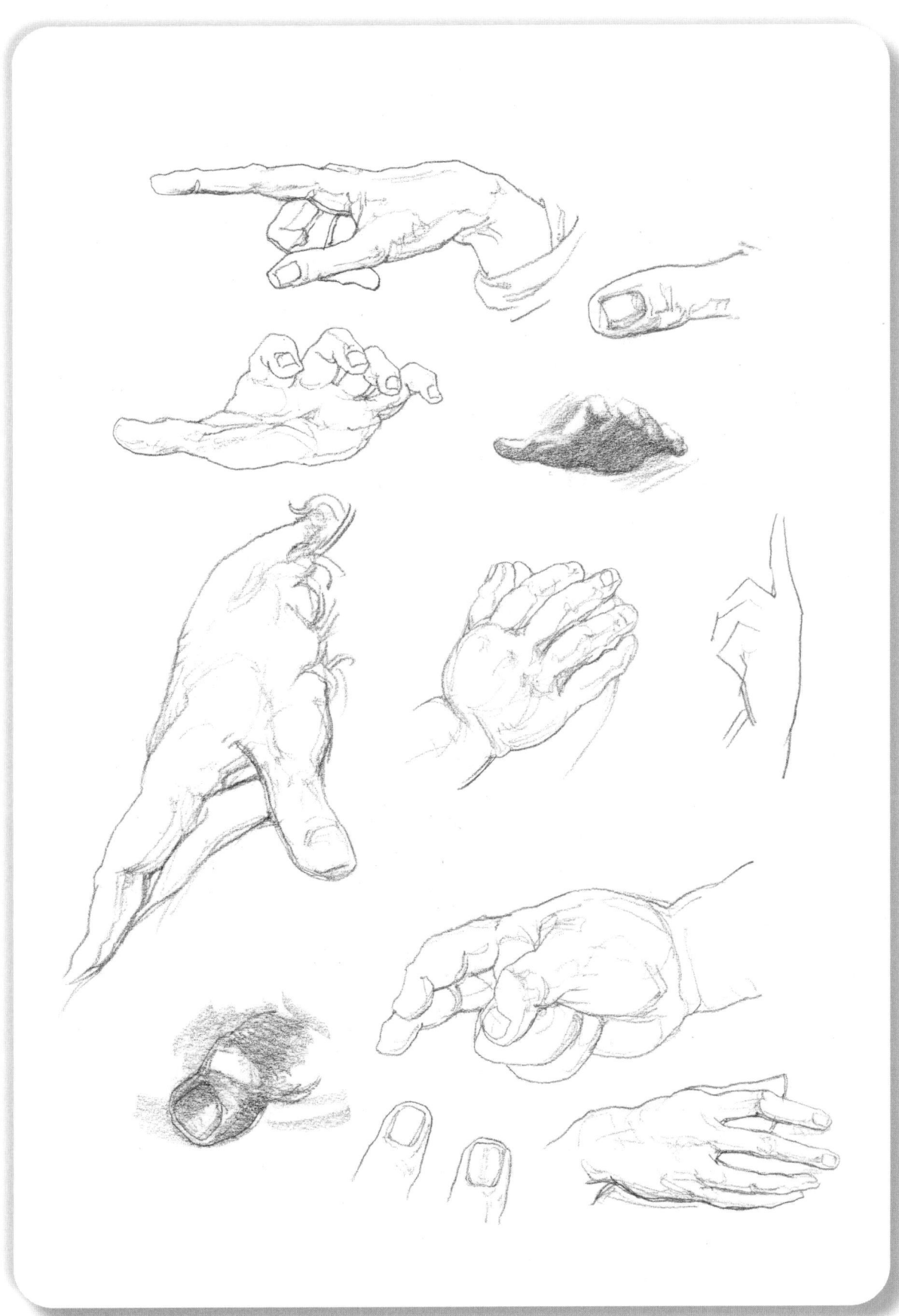

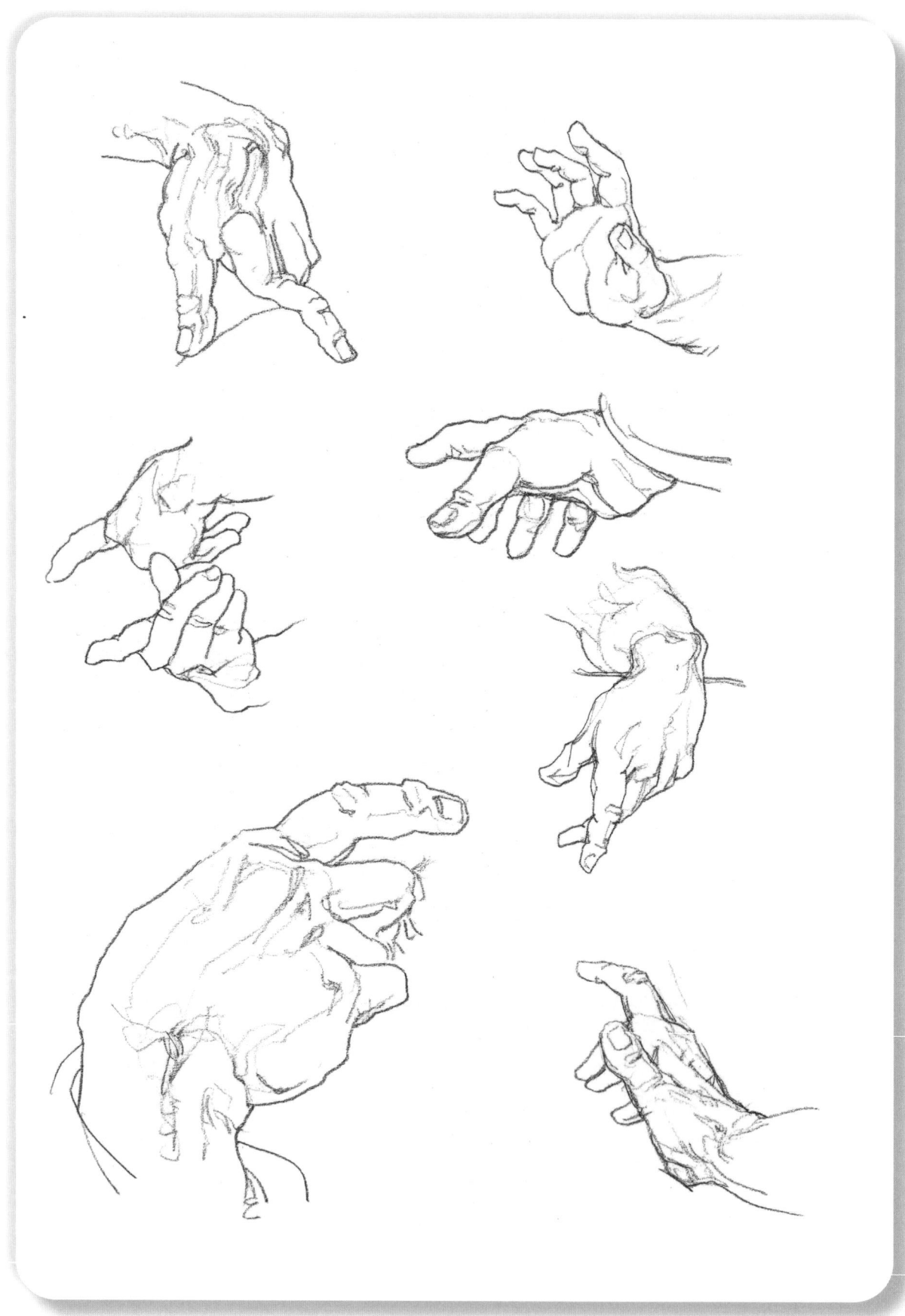

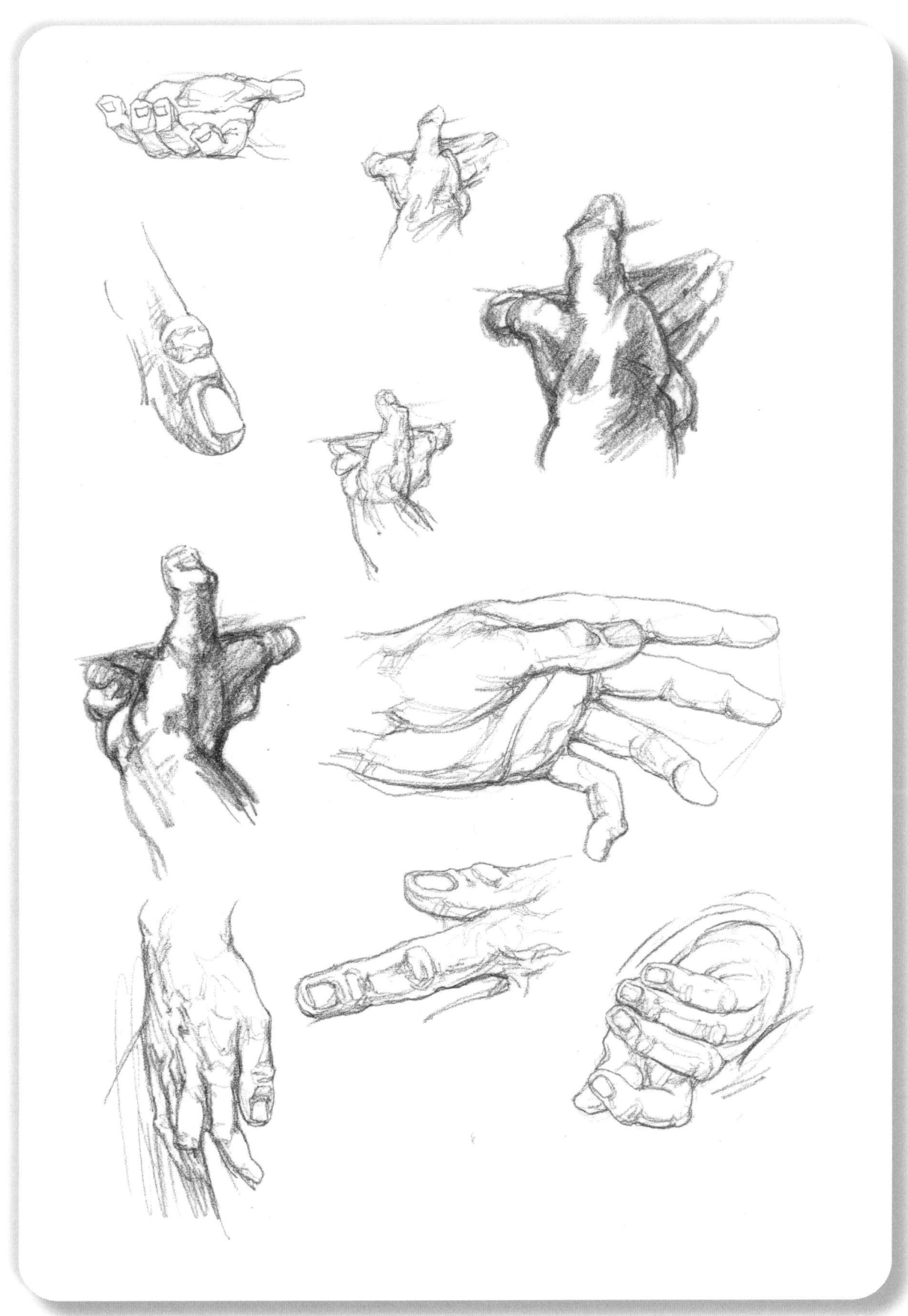

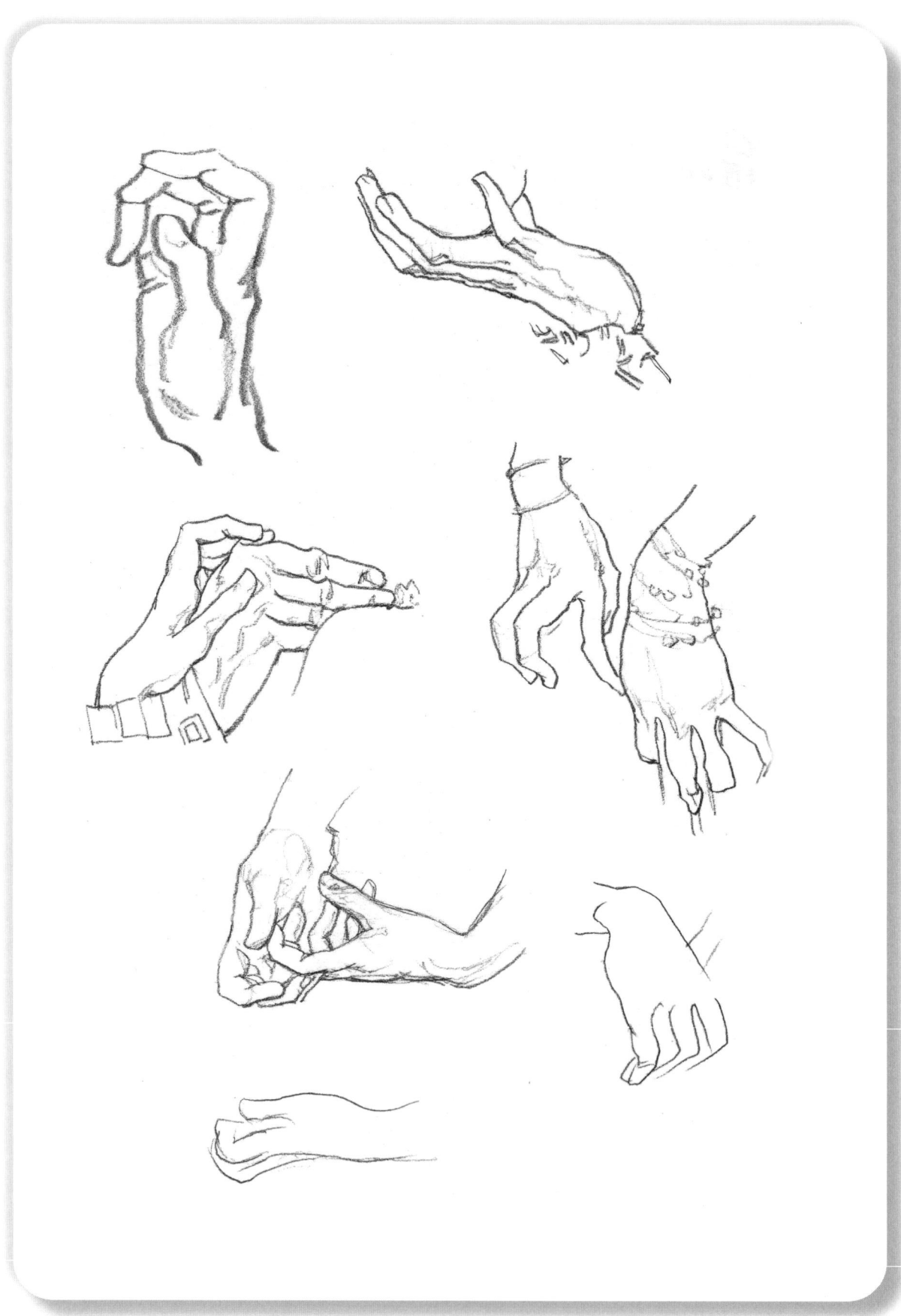

Egon Schiele (1890-1918)

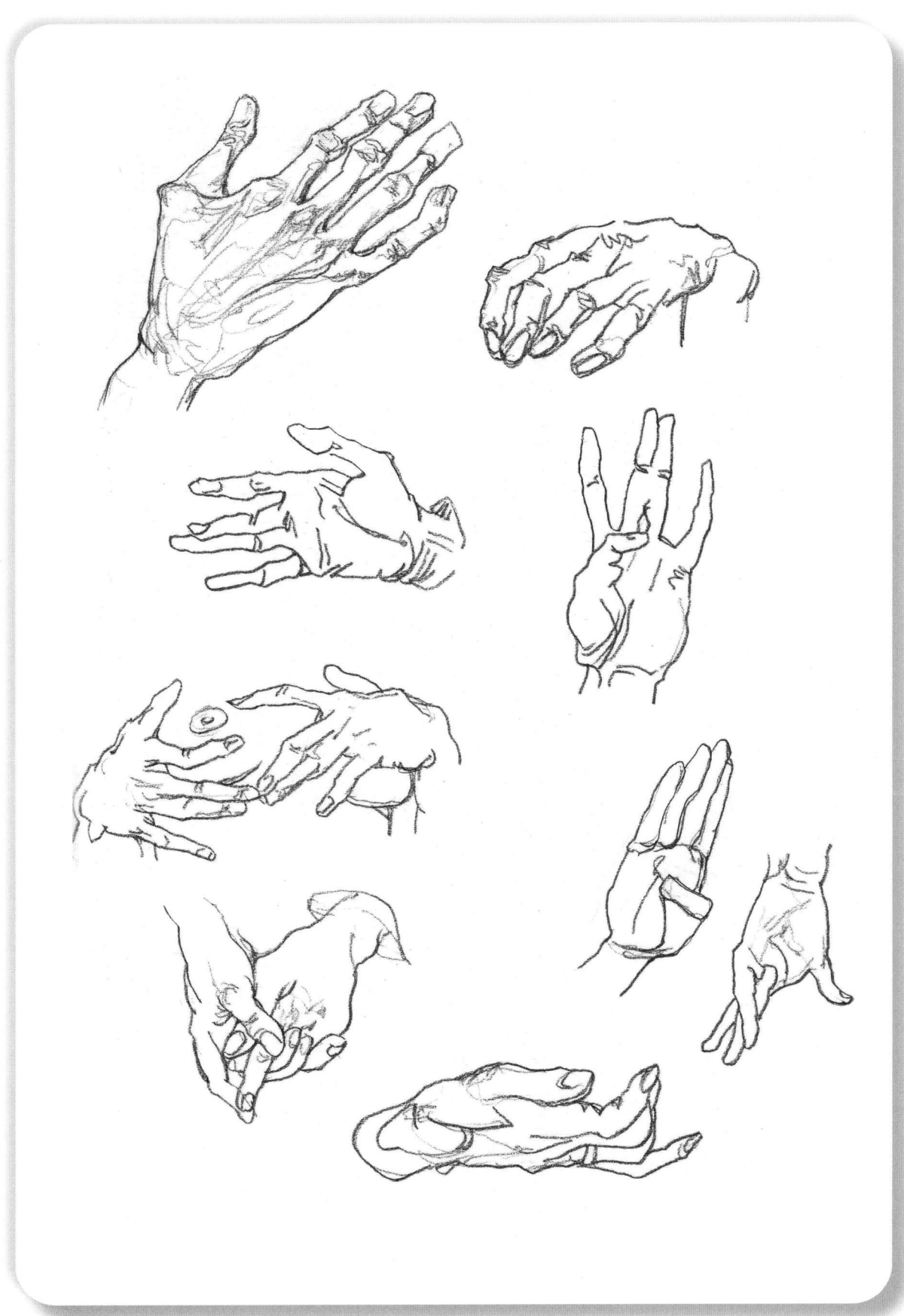

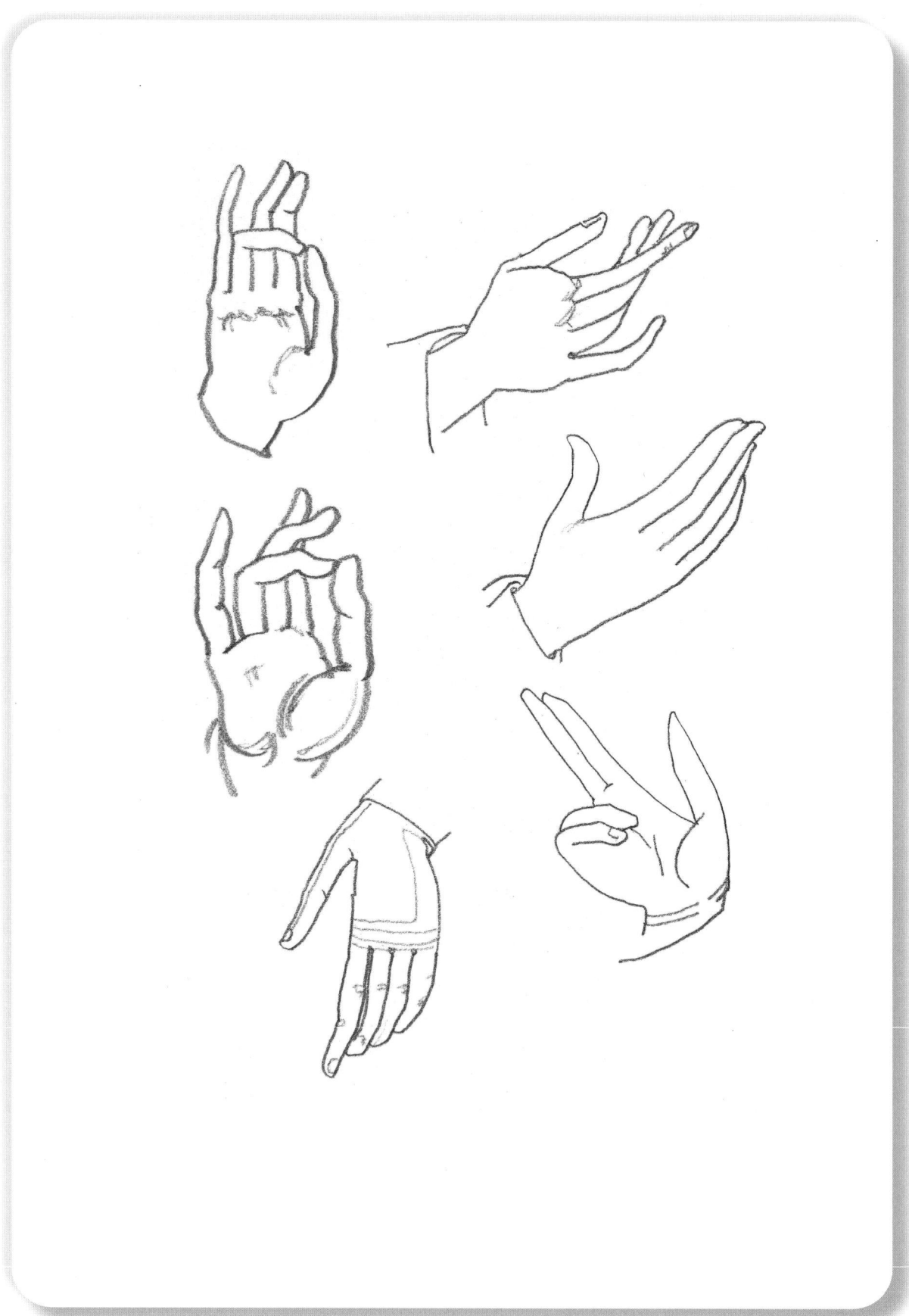

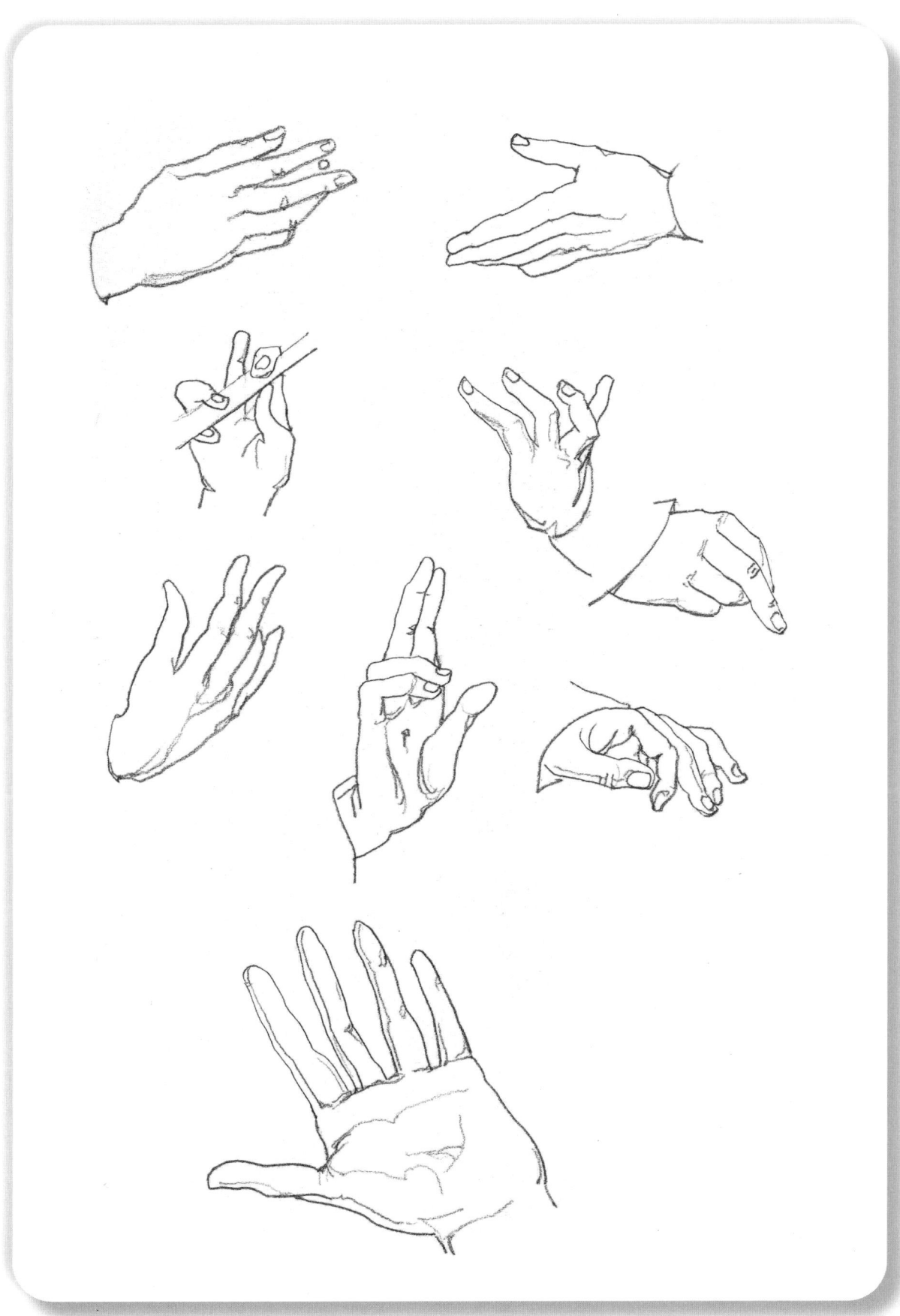

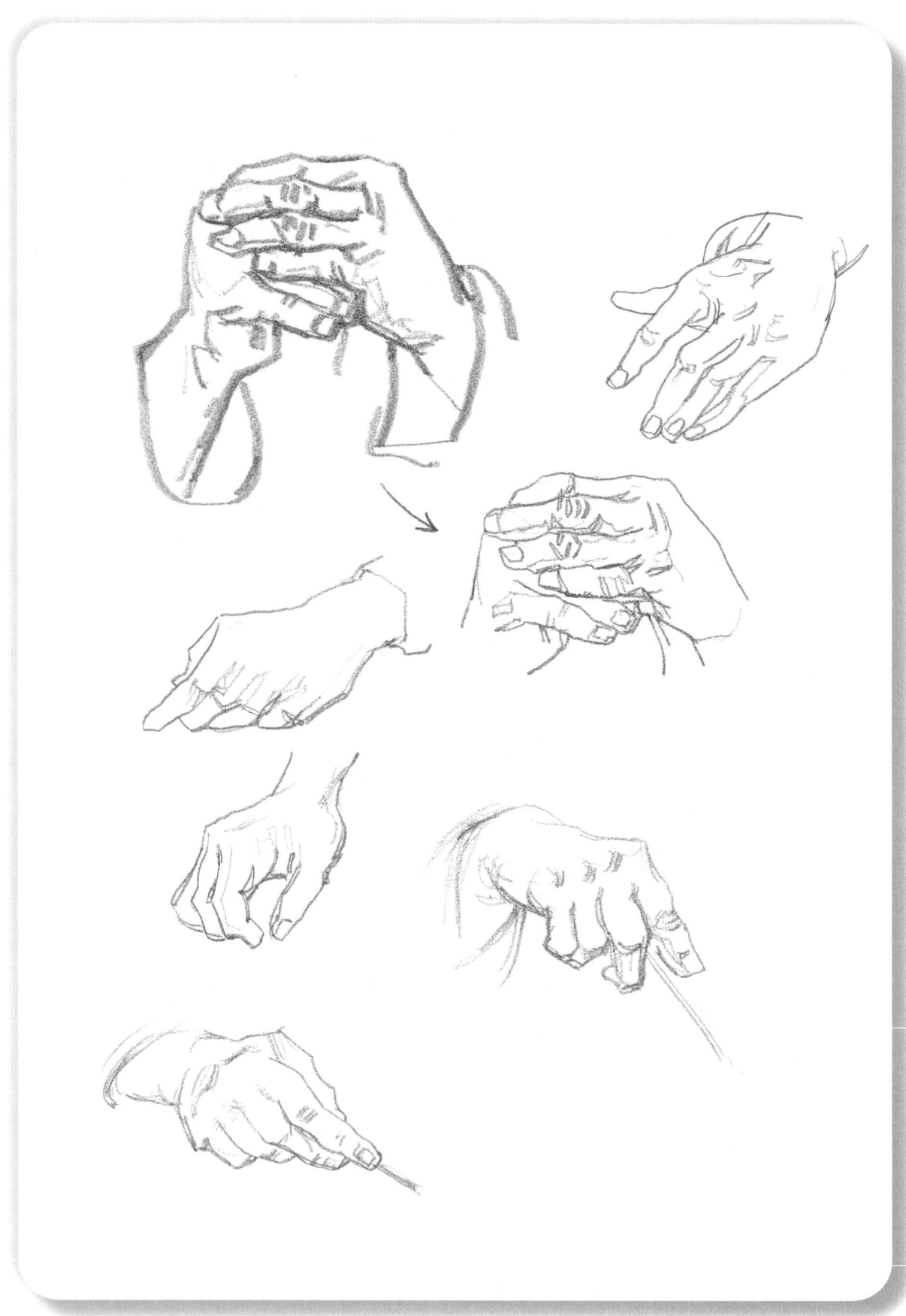

Frans Hals (ca. 1580-1666)

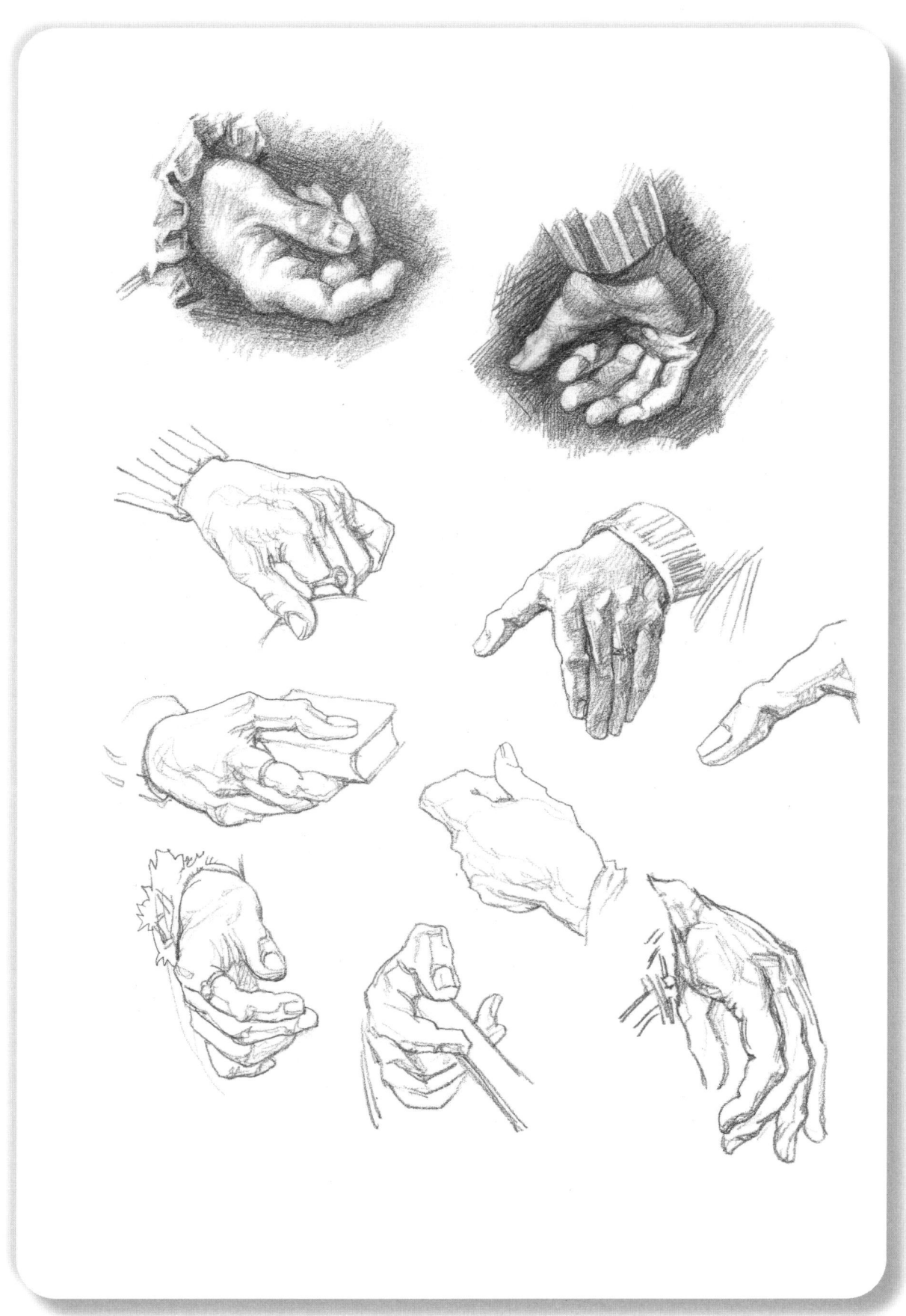

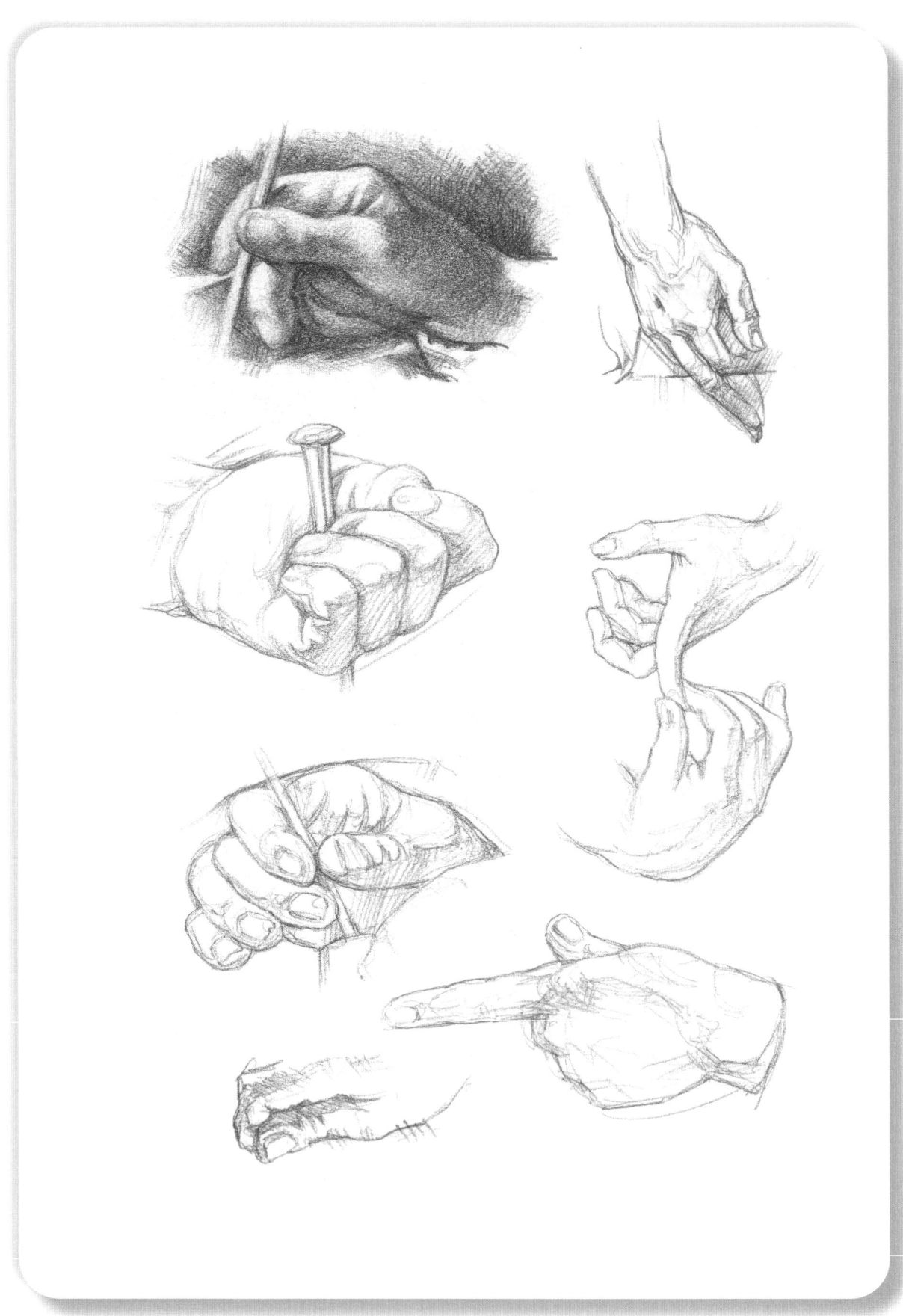

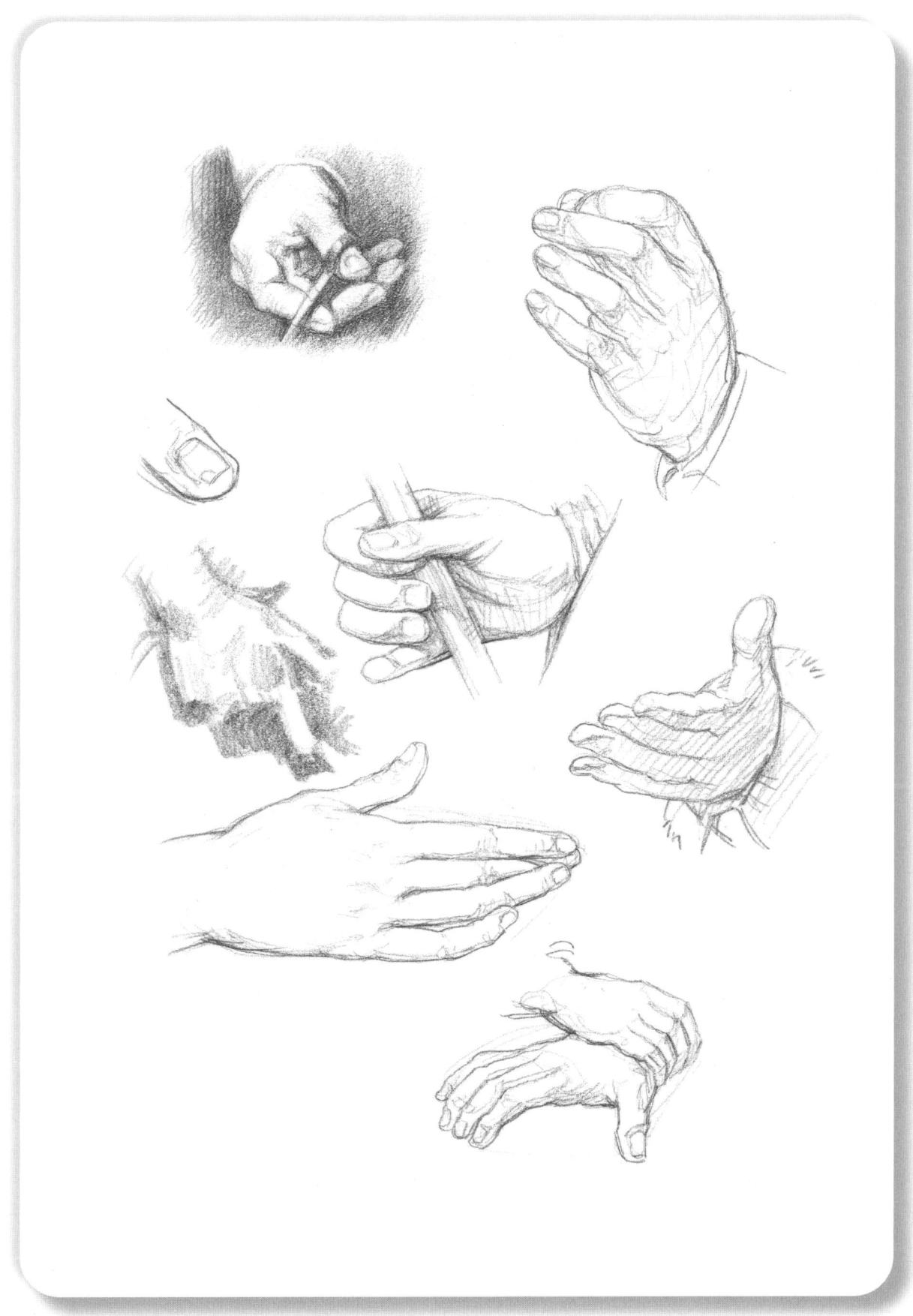

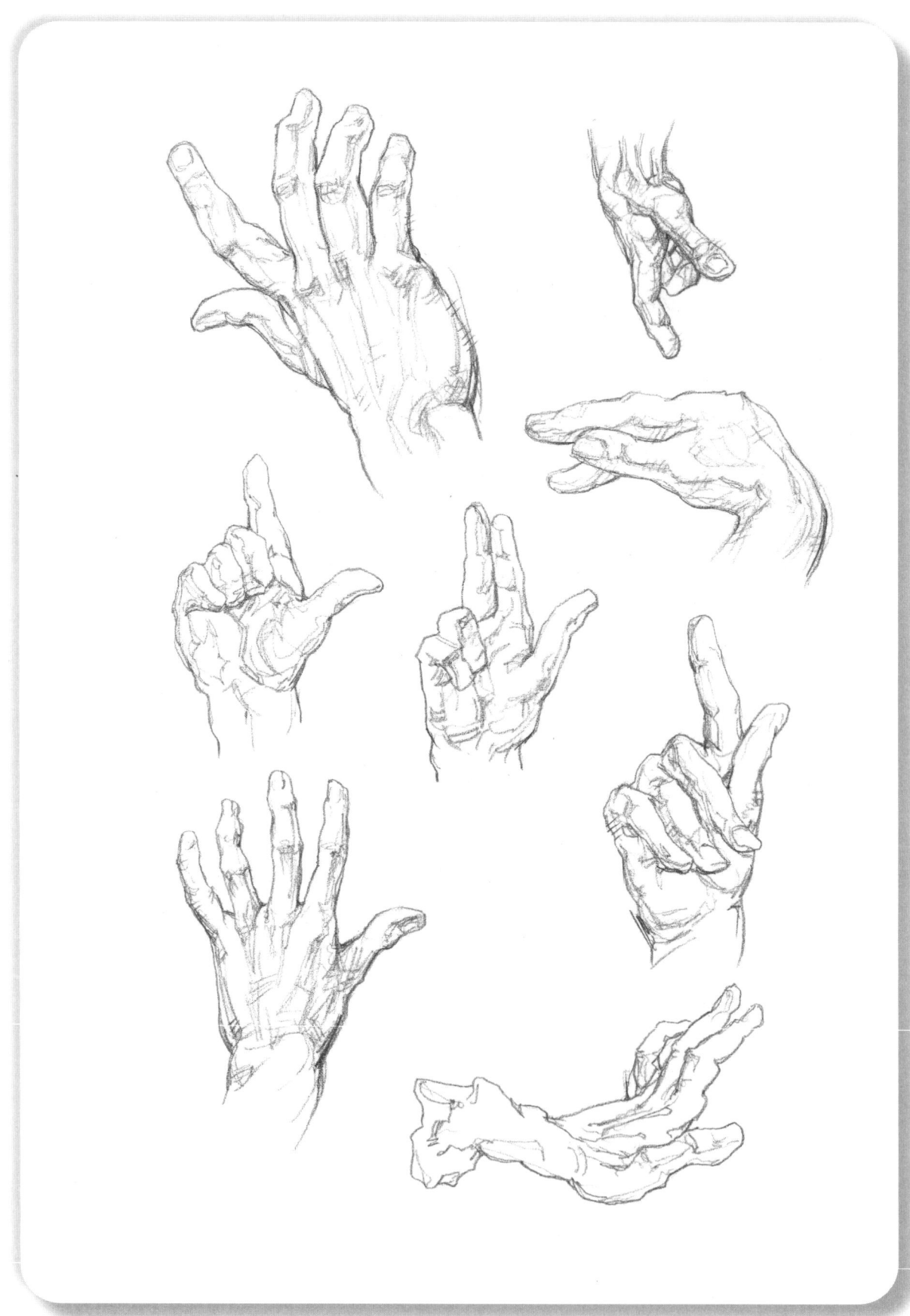

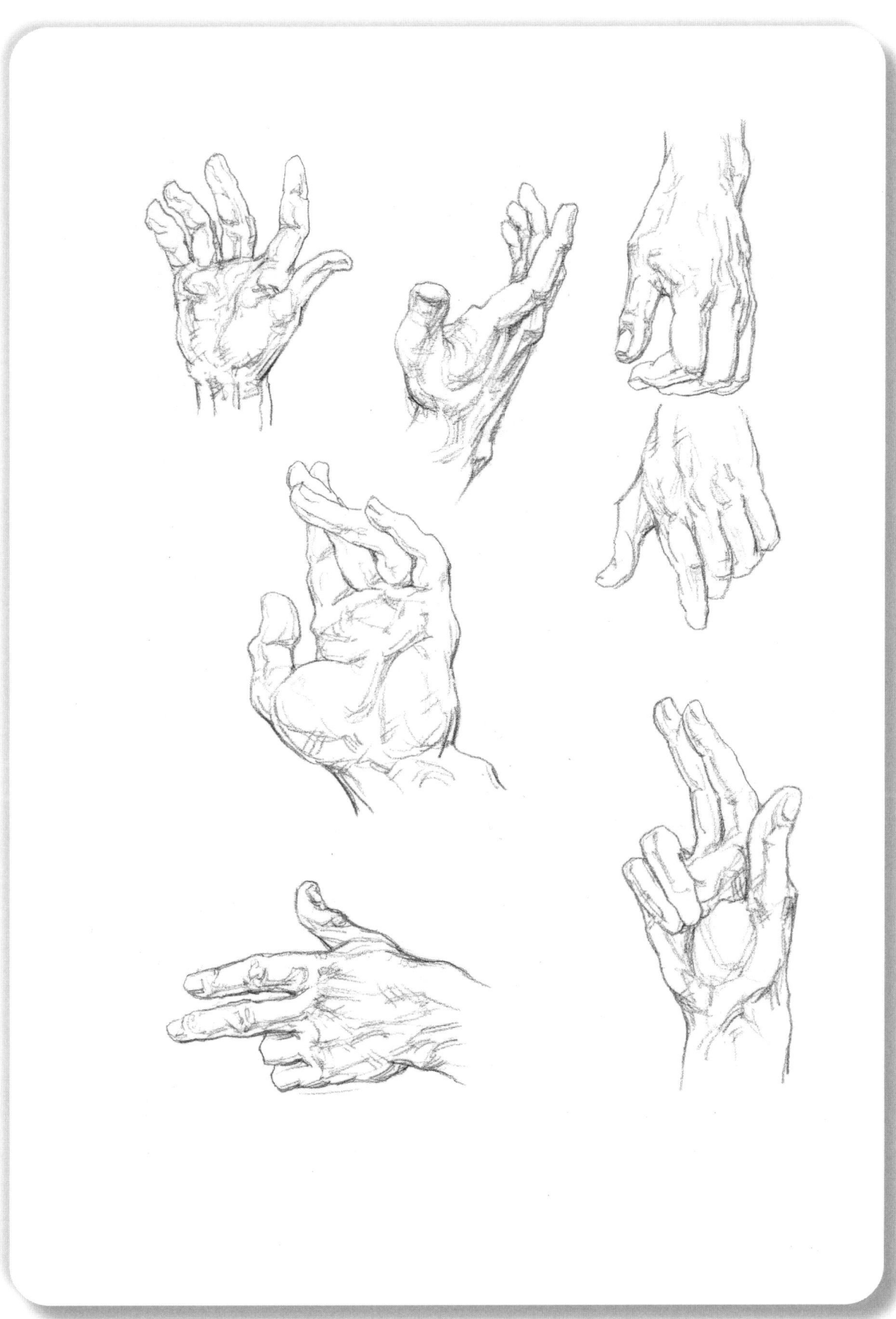

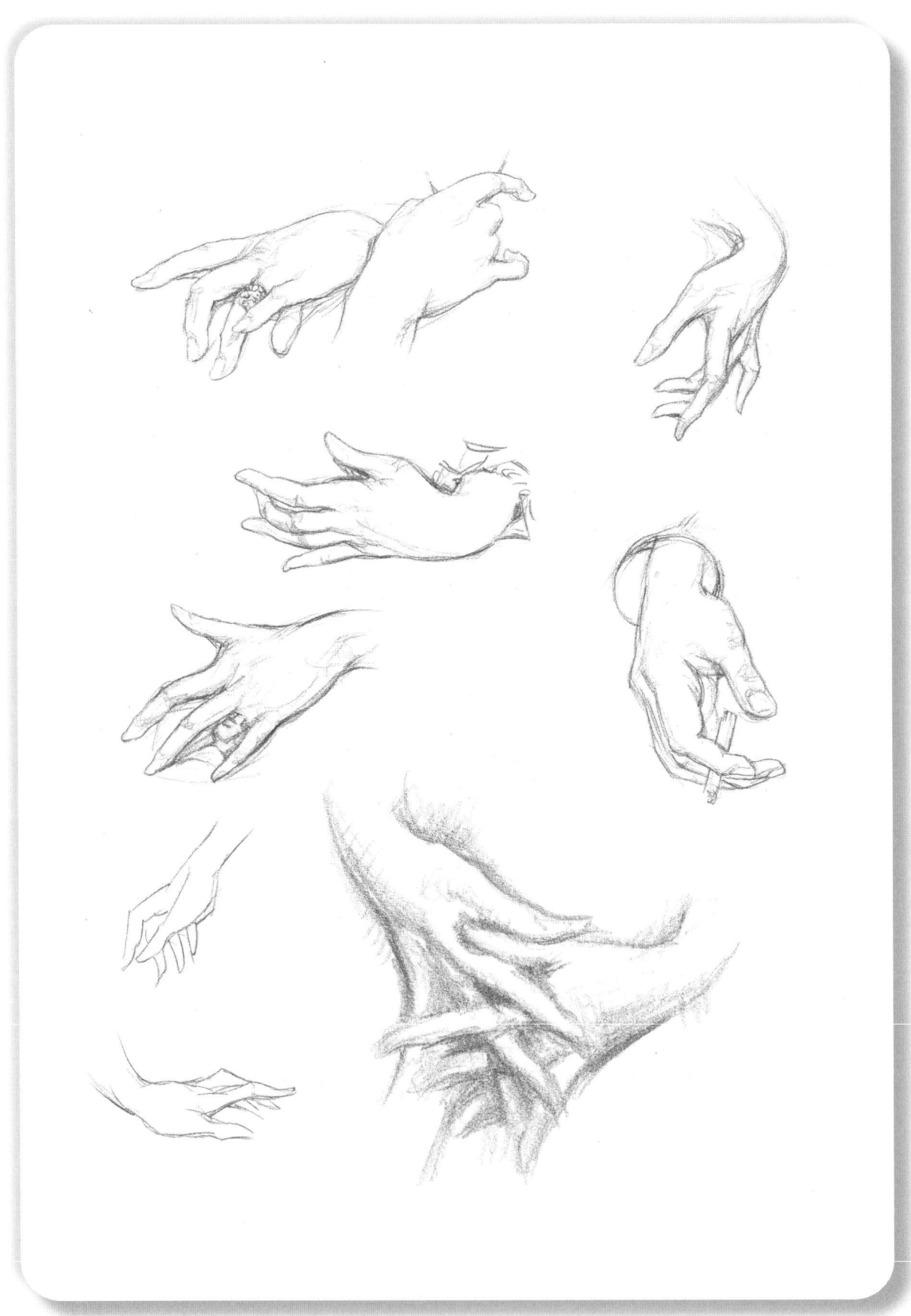

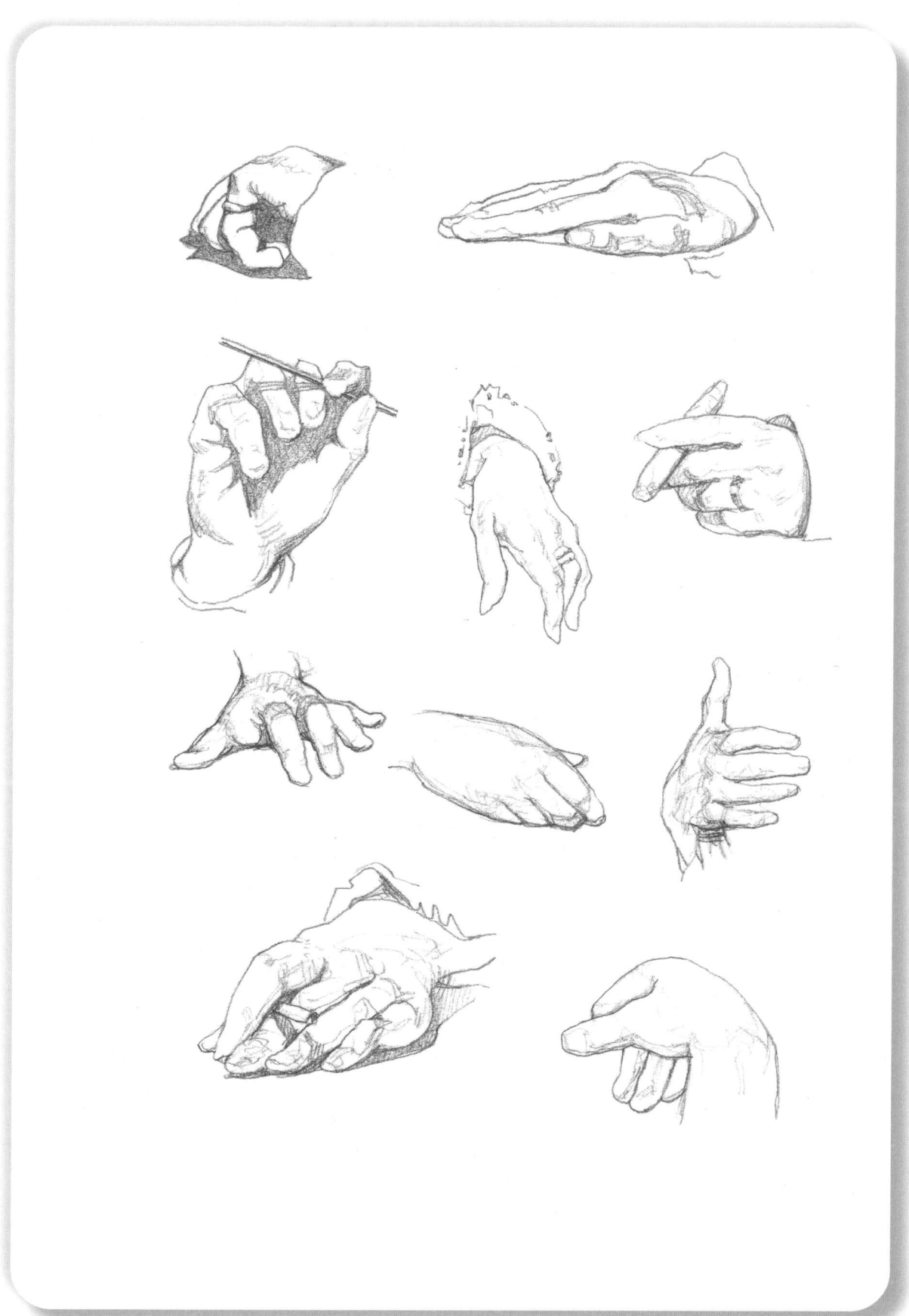

Nota bibliográfica

Bailly, Jean-Christophe, *La mano*, Bibliothèque de l'Image, Paris, 2000.

Bridgman, George B., *The Book of A Hundred Hands*, Sterling Pub. Co., New York, 1962 (1920).

Chastel, André, *El gesto en el arte*, Editorial Siruela, Madrid, 2004.

Civardi, Giovanni G., *Anatomia per l'artista*, Il Castello Editore, Cornaredo (MI), 4.ª ed. 2018 (1994).

Civardi, Giovanni G., *La mano y el pie*, Editorial El Drac, Madrid, 2006.

Civardi, Giovanni G., *Morfologia della mano*, en: «Disegnare & Dipingere», año VIII, n.º 11, noviembre 1994.

Dalli Regoli, Ginetta, *Il gesto e la mano*, Leo Olschki Editore, Firenze, 2000.

Focillon, Henri, *Elogio de la mano*, José J. Olañeta editor, Palma de Mallorca, 2021.

Hale, Robert B. y Coyle, Terence, *Anatomy Lessons from the Great Masters*, Watson-Guptill Pub., New York, 1977.

Hogarth, Burne, *Drawing Dynamics Hands*, Watson-Guptill Pub., New York, 1977.

Kapandij, Ibrahim A., *Dessins de mains, à l'usage des étudiants et des chirurgiens de la main*, Maloine, Paris, 1988.

Lauricella, Michel, *Anatomía artística 6: manos y pies*, Editorial Gustavo Gili, Barcelona, 2021.

Loomis, Andrew W., *Drawing the Head and Hands*, The Viking Press, New York, 1953.

Niceforo, Alfredo, *La mano, il gesto e altri segni rivelatori della personalità nell'arte e nella scienza*, Fratelli Bocca, Roma, 1956.

Pericoli, Tullio, *Pensieri della mano*, Adelphi, Milano, 2014.

Reed, Walt, *The Figure*, North Light Pub., Westport (Conn.), 1976.

VV.AA. *La mano* (en: Rivista CIBA, Basilea, n.º 7, diciembre 1947).

VV.AA. *Rodin, les mains, les chirurgiens*, Catalogue exposition Musée Rodin, Paris, 1983.

Verucchi, Daniele y Timelli, Roberto, *Espressione e gestualità*, Editiemme, Milano, 1987.

Direcciones en internet

www.cerchiodigiotto.it.

www.disegnaedipingi.it.

www.adobe.com-discover-how-to-draw-hands.

www.21-draw.com,how-to-draw-hands.

www.artlex.com>art-tutorials.

www.youtube.com>watch.how-to-draw-hands.

www.apprendre-a-dessiner.org/comment-dessiner-les-mains.